Doris Zölls / Christof Zirkelbach / Barbara Proske
Wie Zen schmeckt

Doris Zölls

Christof Zirkelbach

Barbara Proske

Wie Zen schmeckt

Die Kunst des
achtsamen Genießens

Herausgegeben von
Ursula Richard

Kösel

Der Verlag weist ausdrücklich darauf hin, dass im Text
enthaltene externe Links vom Verlag nur bis zum Zeitpunkt
der Buchveröffentlichung eingesehen werden konnten.
Auf spätere Veränderungen hat der Verlag keinerlei Einfluss.
Eine Haftung des Verlags ist daher ausgeschlossen.

Verlagsgruppe Random House FSC® N001967

Copyright © 2017 Kösel-Verlag, München,
in der Verlagsgruppe Random House GmbH,
Neumarkter Str. 28, 81673 München
Umschlag: Weiss Werkstatt, München
Umschlagmotiv: Nach einem Tuschebild von
Katharina Shepherd-Kobel, Sigriswil, Schweiz
Zu den Bildern von Katharina Shepherd-Kobel im Buch:
Bilder ohne Stempel sind entweder Bildausschnitte oder
beschnittene Bilder, Bilder mit Stempel entsprechen der
Originalvorlage.
Satz: Uhl + Massopust, Aalen
Druck und Bindung: CPI books GmbH, Ulm
Printed in Germany
ISBN 978-3-466-37200-3
www.koesel.de

Wir widmen dieses Buch allen,
die gerne kochen und gerne essen.
Doris Zölls, Ursula Richard

Für meinen Vater,
der uns immer mit frischem Obst und Gemüse
aus dem Garten versorgte.
Für meine Mutter,
die immer so gutes Essen daraus gekocht hat.
Christof Zirkelbach

Inhalt

3. KAPITEL

4. KAPITEL

5. KAPITEL

6. KAPITEL

Vorwort

von Willigis Jäger

Der Körper ist das Gefäß der Seele. Er gehört zu meiner Heimat für die Zeit meines Menschseins. Er trägt mich durchs Leben. Er ist die Form des Hintergrunds, den Zen Leerheit und Meister Eckhart Gottheit nennen und der sich als diese meine körperliche Gestalt manifestiert, genau an diesem Ort und zu dieser Zeit. Der Körper ist gleichsam das Instrument, auf dem dieser »göttliche Hintergrund« spielt. Mensch bin ich nur geworden, um Instrument des Spielers »Gott« zu sein. Zu diesem meinem Menschsein gehört daher auch die Sorge für dieses »Instrument Körper«, gehören Essen und Trinken, Körperpflege und leibliches Wohlergehen. Was wir essen, spielt dabei eine wichtige Rolle. »Sag mir, was du isst, und ich sage dir, wer du bist.«

Das gemeinsame Essen besitzt eine tiefe Bedeutung. Mahl zu halten, ist eine uralte menschliche Weise der Gemeinschaftspflege. Zum Mahl wird man geladen. Essen kann man auch alleine. In vielen Kulturen hat das Mahl auch einen religiösen Charakter. Melchisedek wird im 1. Buch Mose erwähnt, als er Gott Brot und Wein darbrachte. Das Schabbatmahl der Juden am Freitagabend, das erste Mahl am Abend des Ramadan, das Abendmahl und die Eucharistie der Christen sollen weniger den Hunger stillen, als vielmehr in die Einheit mit dem göttlichen Hintergrund führen. Auch in den Zen-Sesshins in Japan habe ich mit allen anderen feierlich die Reisschale gehoben, bevor wir anfingen zu essen. Daher bedeutet Mahlhalten nicht nur Gemeinschaft mit allen Anwesenden und allen Wesen, sondern auch Gemeinschaft mit der »göttlichen Wirklichkeit«, die sich in allem offenbart.

Das vorliegende Kochbuch von Doris Zölls und Christof Zirkelbach ist weit mehr als eine Anleitung zum Kochen. Zum einen enthält es natürlich eine Vielzahl von Rezepten – die besten Rezepte der Benediktushof-Küche. Darunter sind aber keine Fleisch- oder Fischgerichte. Der Respekt vor den Tieren lässt uns im Benediktushof darauf verzichten.

Wir möchten damit nicht zuletzt ein Zeichen gegen die quälende Massentierhaltung und gegen den Hunger in der Welt setzen, der wesentlich durch das Verfüttern von Grundnahrungsmitteln für die Fleischproduktion entsteht.

Dieses Buch möchte uns des Weiteren eine wichtige Seite unseres Menschseins ins Bewusstsein rufen: unsere Leiblichkeit, die auf Nahrung angewiesen ist. Sie zeigt uns, dass bereits die Vorbereitung, das Kochen, eine tiefe Bedeutung besitzt, vor allem wenn man das Mahl für andere bereitet. Nicht umsonst haben Koch und Köchin in den Klöstern des Ostens und Westens eine wichtige Stellung inne. Es ist nicht gleichgültig, was wir zubereiten und wie wir es zubereiten, was wir essen und trinken und wie wir essen und trinken. Dieses Kochbuch zeigt, wie das Kochen und das Essen zu einem bedeutsamen Ausdruck unseres Lebens werden können.

Allen eine »Gesegnete Mahlzeit«.

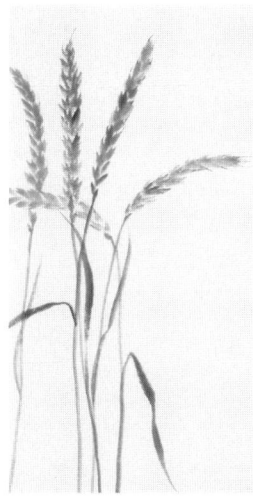

Einführung

von Ursula Richard

Niemand würde wohl behaupten, der Benediktushof habe sich allein aufgrund seiner guten Küche so schnell als eines der wichtigsten spirituellen Seminarzentren und Tagungshäuser im deutschsprachigen Raum etablieren können und erfreue sich deshalb bei einer stetig wachsenden Zahl von Menschen so großer Beliebtheit. Aber nicht von der Hand zu weisen ist, dass die Liebe für den Benediktushof stets auch durch den Magen geht. Regelmäßig wird nach den Mahlzeiten die Küche von Kursteilnehmern aufgesucht, die die jeweiligen Rezepte aufschreiben möchten, sodass zu Hause nachgekocht werden kann, was während des Seminarbetriebs genossen wurde.

So lag die Idee eines Kochbuchs der »Benediktushof-Küche« nahe; doch sollte es kein übliches Kochbuch mit lauter Rezepten werden, sondern, einer tragenden Säule des Benediktushofes folgend, ein Buch, das wesentlich auch vom Geist des Zen geprägt ist. Darin waren wir uns in unseren ersten Vorgesprächen damals schnell einig, doch während für die Zen-Lehrerin Doris Zölls und mich ein Kochbuch in seinem praktischen Teil fast synonym mit Rezepten war, widersprachen für den Koch Christof Zirkelbach Rezepte als festgefrorene Vorgaben dem Zen-Geist fundamental, der als Anfänger-Geist stets die Frische der Erfahrung sucht. Er wollte ein solches Buch vor allem als Ermutigung konzipiert wissen, sich im Kochen vor allem von der eigenen Kreativität leiten zu lassen und immer neue Geschmacksverbindungen experimentell zu kombinieren. Unsere Vorstellungen hätten nicht weiter auseinanderliegen können, und so legten wir das Ganze erst einmal auf Eis. Doch dann leiteten Doris Zölls und Christof Zirkelbach im Benediktushof einen dreitägigen Kurs »Zen und Kochen«, und dieser Kurs machte nicht nur allen Beteiligten großen Spaß, sondern er bewies auch, dass die unterschiedlichen Vorstellungen im Praktischen durchaus miteinander harmonieren können: Wir, die Kursteilnehmerinnen und -teilnehmer, waren fasziniert von den kreativen Dimensionen der »Benediktushof-Küche« und wurden immer experimentierfreudiger, um dann aber doch nach Rezepten als »Gerüst« zu verlangen und alles genau mitzuschreiben; und Christof Zirkelbach erkannte, dass Rezepte nicht zwangsläufig das Ende der Kreativität bedeuten müssen, sondern sehr wohl Ausgangspunkte für experimentelle Versuche aus einem offenen Geist heraus sein können. Die das Kochen begleitenden Vorträge von Doris Zölls verdeutlichen dann, wie viel das Kochen mit dem (restlichen) Leben zu tun hat, wie beides Felder der alltäglichen Zenübung sind und wir sowohl unser Leben als Mahl verstehen, als auch sehen können, dass und wie uns das Leben selbst immer wieder (weich) kocht. Dem Akt des Kochens kommt dabei eine Bedeutung zu, die weit über das Zubereiten von Mahlzeiten hinausgeht.

Diese Sichtweise ist im Zen seit mindestens 800 Jahren bekannt.

1223, mit 23 Jahren, macht sich Eihei Dogen, später einer der größten Zen-Meister Japans, nach China auf, um dort den Buddhismus zu studieren. In einem Hafen kommt ein alter Mönch an Bord seines Schiffs, um von den japanischen Händlern Pilze zu kaufen. Sein Kloster ist viele Kilometer entfernt und Dogen lädt ihn ein, über Nacht zu bleiben, um sich mit ihm über die buddhistische Lehre auszutauschen. Der Mönch aber lehnt ab, da er für die Küche des Klosters verantwortlich sei und von daher nicht zu spät zurückkehren könne. Dogen fragt ihn, warum er denn trotz seines Alters noch als Koch arbeite und nicht nur Zazen praktiziere. Der alte Mann lacht und sagt: »Guter ausländischer Freund! Du verstehst überhaupt nicht, worum es in der Übung geht!« Monate später treffen sie sich erneut und Dogen fragt ihn: »Worum geht es denn in der Übung?« Der Koch sagt: »Es gibt nichts in der Welt, was verborgen wäre.«

Eine typische Zen-Antwort, aber die Weisheit des alten Kochs hat Dogen sehr nachhaltig beeindruckt. Er berichtet diese Begebenheit in seinen »Anweisungen für den Koch«, einem Text, an dem er viele Jahre arbeitet und in dem er minutiös die Aufgaben und die richtige Geisteshaltung eines Kochs im Kloster darlegt. Er beschreibt darin weit mehr als Regeln und Verhaltensweisen in der Küche, zieht viele Parallelen zwischen dem Zubereiten von Mahlzeiten für die klösterliche Gemeinschaft und dem spirituellen Training, bzw. er zeigt Kochen als spirituelles Training. Und er erzählt darin von einer weiteren Begegnung mit einem weisen Koch. Auch dieser war ein alter Mönch, und Dogen fragte ihn, warum er stets allein, ohne Küchenhilfen, arbeite. Der Mönch antwortete: »Andere Menschen sind nicht ich.« »Doch warum arbeitest du so schwer bei diesem heißen Wetter?«, fragte Dogen weiter. Der alte Mann sagte: »Wenn ich es nicht jetzt tue, wann sollte ich es dann tun?«

Sicherlich haben Begegnungen wie diese dazu beigetragen, dass für Dogen die Funktion des Kochs eine der wichtigsten und verantwortungsvollsten in einem Kloster ist und er die Küche als einen besonders geeigneten Übungsort ansieht, eine Tradition, die bis heute im japanisch geprägten Zen überlebt hat.

Mehr als siebenhundert Jahre später erscheint 1983 in den USA unter dem Titel »From the Zen Kitchen to Enlightenment, Refining Your Life«, eine englische Übersetzung der »Anweisungen für den Koch«, ergänzt von einer ausführlichen Kommentierung des berühmten japanischen Zen-Meisters Kosho Uchiyama Roshi unter dem Titel »How to Cook Your Life«[1]. Ein Titel, der uns fast 25 Jahre später als Filmporträt von Doris Dörrie über den amerikanischen Zen-Koch Ed Brown wieder begegnet, während die »Anweisungen für den Koch« titelgebend für das Buch des zeitgenössischen Zen-Meisters Bernard Glassman[2] wird. Seine Zen-Gemeinschaft arbeitet in den 80er-, 90er-Jahren des letzten Jahrhunderts in den USA mit obdachlosen und sozial unterprivilegierten Menschen; die Gemeinschaft renoviert gemeinsam mit Wohnungslosen Häuser, gründet Bäckereien und andere Geschäfte zur Sicherung des Lebensunterhalts – und als Orte der Zen-Praxis. Glassman sieht in den je individuellen Bedingungen des einzelnen Lebens kostbare Rohstoffe, die in der eigenen Lebenspraxis so zusammenzurühren und

-zufügen sind, dass daraus das bestmögliche, das schmackhafteste Mahl entstehen kann.

Die Wertschätzung des Zen für das Kochen beziehungsweise die Übertragung von Aspekten des Kochens auf das (restliche) Leben ist also zum einen bereits sehr alt, zum anderen immer noch höchst aktuell, beide Dimensionen scheinen sich bis heute aufs Beste zu inspirieren. Diese Wertschätzung und wechselseitige Inspiration schlägt sich auch in diesem Buch nieder. Es enthält die besten Rezepte der Benediktushof-Küche, Hinweise auf die ›Philosophie‹ dieser Küche, Tipps zur Kombination von zunächst vielleicht auch ungewöhnlich erscheinenden Geschmacksverbindungen und Anregungen zum eigenen kreativen Kochen. Die Texte von Doris Zölls zeigen unter anderem, wie wir das Kochen konkret als spirituelle Übung verstehen können und das Leben als unseren Koch, der uns und unsere Konzepte und Vorstellungen darüber, wie die Dinge in unseren Augen zu sein haben, weich kocht. Dankbarkeit und Wertschätzung als Lebenshaltung werden im Zen besonders gepflegt. So haben wir in dieses Buch auch kurze Texte und Gebete aus der Zen- und der christlichen Tradition aufgenommen, mittels derer wir unserer Dankbarkeit und Wertschätzung Ausdruck verleihen können.

Nicht zuletzt die Tuschezeichnungen von Katharina Shepherd-Kobel, die in Japan viele Jahre lang Zen und Tuschmalerei studiert hat, zeugen von der kreativ-ästhetischen Dimension des Zen-Geistes.

Möge dieses Buch Ihren Appetit in vielfältiger Weise anregen!

I. Kapitel

Zen-Geist – Alltags-Geist

Doris Zölls

> Wenn eure Umgebung die Güte spürt, die von euch ausgeht,
> so bedeutet das, dass ihr aus dem Zen-Geist lebt. Zazen
> üben soll nicht von unserem täglichen Leben getrennt sein.
> Es bedeutet, das eigene Leben in jeder Sekunde zu kochen,
> zu kneten und zu scheuern.
> UCHYAMA

In vielen Zen-Klöstern wird die Aufgabe des Kochs nur einem Mönch oder einer Nonne übertragen, der oder die tief im Zen-Geist verankert ist, denn dieser Aufgabe kann nur gerecht werden, wer wirklich dienen kann.

Dieses Dienen bedeutet, alle Vorstellungen von einem Ich auf den Prüfstein zu legen und loszulassen. Es heißt nicht, seine Persönlichkeit zu verlieren. Indem ich mich an das Andere hingebe, finde ich mich selbst. Dass dies nicht so leicht ist, davon erzählt eine kleine Geschichte:

Ein Mönch kam zu seinem Meister und sagte: »Ich bin nun schon viele Jahre dein Schüler, und ich bin einzig aus dem Grund zu dir gekommen, weil ich Zen studieren wollte. Aber bis zum heutigen Tag hast du mir nicht eine einzige Belehrung gegeben. Wenn sich das nicht ändert, dann muss ich von dir weggehen, so leid mir das auch täte.« Der Meister antwortete: »Wenn du morgens zu mir hereinkommst und mich begrüßt, dann grüße ich zurück und sage: Guten Morgen, wie geht es dir? Wenn du mir Tee bringst, dann danke ich dir und trinke ihn. Wenn du irgendetwas anderes für mich tust, dann bedanke ich mich ebenfalls. Welche anderen Belehrungen könnte ich dir darüber hinaus noch geben? Es gibt keine andere spezielle Lehre. In den ganz gewöhnlichen Dingen unseres täglichen Lebens liegt eine tiefe Bedeutung verborgen, die dennoch klar und offensichtlich ist.«

Die Arbeit in der Küche fordert uns auf allen Ebenen, vor allem, wenn wir Kinder haben und regelmäßig für unsere Familie kochen. Morgens, mittags und abends sind wir bestrebt, die hungrigen Mägen unserer Lieben zu füllen. Und was in mühevoller und zeitaufwendiger Arbeit geschaffen wurde, ist im Nu gegessen.

Was so wunderbar roch, so schön aussah, ist in kürzester Zeit verschwunden. Nichts bleibt, worauf man stolz sein könnte; nichts bleibt, das man herzeigen könnte, um zu dokumentieren, was man Leckeres gezaubert hat. Im Gegenteil, die Küche muss nun aufgeräumt, das Geschirr gespült werden, damit alles wieder so schön ordentlich ist, als wäre nichts geschehen.

Die Mahlzeiten folgen so regelmäßig aufeinander, sind meist so selbstverständlich und so vergänglich, dass kaum ein Wort darüber verloren wird. Nur bei einem außergewöhnlichen Mahl erinnern sich die anderen vielleicht daran, dass es da ja auch noch einen Koch oder eine Köchin gegeben hat, der oder die sehr viel Zeit und Liebe auf das Essen verwandt hat.

Aber meist wird im Alltagsleben nur dann über das Essen gesprochen, wenn es nicht so gut geschmeckt hat. Gerade Mütter oder Väter, die sich jeden Tag die Zeit zum Kochen nehmen, erfahren vielfach: Es ist ganz selbstverständlich und nicht der Rede wert, dass das Essen schmeckt. Doch wehe, es schmeckt einmal nicht. Dies Tag für Tag in gelassener und heiterer Stimmung zu tragen ist eine große Aufgabe und Herausforderung.

Es ist jedoch nicht nur Gelassenheit und Heiterkeit, die hier gefordert sind. Ein Sprichwort lautet: Liebe geht durch den Magen. Das heißt, Kochen ist ein Akt der Liebe, und diese Liebe bringt man den Menschen, für die man kocht, entgegen.

Diese liebevolle Haltung umfasst sehr viel: Einmal sind da die Menschen, für die ich koche, und ich mache mir bewusst: Was brauchen sie, was tut ihnen gut, was schmeckt ihnen? Zum andern stehen mir Lebensmittel zur Verfügung, die ich zu einem Essen verarbeiten kann. Das ist überhaupt nicht selbstverständlich. Da wir das Gemüse, das Getreide oder das Obst meist nicht mehr selbst anbauen, verlieren wir die Wahrnehmung für unsere elementare Beziehung zur Natur. Da wir inzwischen ganzjährig Früchte und Gemüse aus allen Teilen der Welt kaufen können, ist uns meist gar nicht bewusst, dass wir die Lebensmittel zwar zubereiten, jedoch nicht wachsen lassen oder selbst machen können. Würden wir unmittelbar erleben, dass der Baum keine Früchte trägt, die Saat nicht aufgeht, die Kuh keine Milch gibt, das Getreide vertrocknet und so weiter, dann erführen wir sehr konkret und eindeutig, wie reich wir mit allem beschenkt sind, wenn es uns zur Verfügung steht. Uns dies immer wieder beim Kochen bewusst zu machen, kann uns mit Dankbarkeit für den Reichtum erfüllen, mit dem wir gesegnet sind. Das hilft uns dabei, achtsamer mit allem umzugehen, auch mit den Küchengeräten und -utensilien, denn sie unterstützen uns bei der Zubereitung der Nahrung.

Kein Essen gleicht dem anderen, und doch soll es pünktlich auf den Tisch kommen, soll gelingen und gut schmecken, obwohl heute der Teig für das Brot nicht aufgeht, der Reis nicht gar wird, der Salat sich im Inneren als faul erweist. Der Zeitdruck, die ungeduldigen, hungrigen Mäuler, die Lebensmittel und die Gerätschaften, die alle ihre eigenen Gesetzmäßigkeiten haben und sich manchmal nicht so verhalten, wie wir möchten, all dies erfordert eine hohe Offenheit und Flexibilität, ein Gespür für den Augenblick und ein Sich-Einlassen auf das, was geschieht oder sich gerade ergibt. Wenn wir dann noch dem Essen den Geschmack der Ruhe, der Gelassenheit, der inneren Freude und Hingabe geben wollen, damit es wohl bekommt und für die Essenden in jeder Hinsicht förderlich ist, dann stellt dies eine sehr hohe Anforderung an uns dar.

Doch können wir dieser überhaupt jemals gerecht werden? Wer ist denn stets so achtsam, wer vergisst denn nie etwas?

Eines Tages fragte der Mönch Joshû den Meister Nansen:
»Welchen Weg kann ich gehen, um mich selbst zu finden?«
Nansen antwortete: »Der alltägliche Geist ist der Weg.«
Joshû verstand nicht und fragte nach: »Ich muss doch etwas
unternehmen, um mich auf mein Selbst hin auszurichten?«
Nansen sagte: »Wenn du versuchst, dich ihm zuzuwenden,
wendest du dich von ihm ab.«

So wie wir uns dem Weg nicht zuwenden können, ohne uns von ihm abzuwenden, so können wir nicht erst dann meinen, im richtigen Geiste kochen zu können, wenn wir den Zen-Geist vollkommen entfaltet haben. Das Kochen selbst ist die Entfaltung des Zen-Geistes. Es gibt keinen Weg, der zu einem ersehnten Ziel hinführt. Nein, der Augenblick selbst, jedes Tun, sei es das Kochen, das Schneiden des Brotes, das Würzen der Suppe, das Decken des Tisches sind bereits das Ziel. Den Weg gehen und das Ziel erreichen fallen zusammen. Diese Gleichzeitigkeit ist mit unserem Verstand nicht nachzuvollziehen, denn unser Kopf kennt immer ein Nacheinander, ein Vorher und Nachher, ein Wenn und Dann. Was für das Kochen gilt, gilt für alle praktischen Arbeiten. Jeder Augenblick des Lebens gibt uns die Möglichkeit, den Zen-Geist zu entfalten. Den Zen-Geist können wir nicht virtuell entwickeln und dann im Leben anwenden wollen. Das Tun selbst ist unmittelbarer Ausdruck des Zen-Geistes. Das Erleben kennt keine Zeit, da gilt nur dieses Jetzt, und in diesem Jetzt eröffnet sich uns das ganze Leben, wir erfahren uns selbst.

Dies wollte Meister Ikkyû einem Beamten deutlich machen, der ihn fragte, was die Essenz des Zen sei. Ikkyû nahm Pinsel und Tusche und schrieb die Schriftzeichen für Achtsamkeit. Der Beamte wollte wissen, was denn nun Achtsamkeit bedeute, und Ikkyû schrieb erneut Achtsamkeit und dann noch ein drittes Mal, doch der Beamte verstand ihn nicht. Hätte er Ikkyû zugeschaut, wie dieser wach und bewusst, ohne dabei an etwas anderes zu denken, wie er ganz behutsam das Schriftzeichen malte, dann hätte er die Antwort auf die Frage nach der Essenz des Zen erfahren.

Zen-Geist ist die völlige Hingabe an den Augenblick.

Wenn es uns nicht gelingt, mit ganzem Herzen bei unserem jeweiligen Tun zu sein, werden wir schnell unter den Mühen, die mit der Arbeit verbunden sind, leiden, unsere Arbeit als sinnlos erfahren und begierig nach Anerkennung und Dank streben, um zumindest daraus Befriedigung zu schöpfen. Manchmal wird einem für das Kochen gedankt, manchmal wird man gelobt, und in vielen Fällen wird gar nichts gesagt. So ist es für unseren inneren Frieden wichtig, dass wir bei diesen täglich wiederkehrenden Arbeiten eine Haltung entwickeln, die nicht auf die Anerkennung anderer angewiesen ist, sondern bei der wir in unserem Tun selbst Befriedigung finden.

Befriedigung finden im Tun, darin steckt Frieden. Im Tun entwickeln wir den friedvollen Geist. Im Zen spricht man gern von der großen Gesinnung oder der Eltern-Gesinnung, der freudigen und der friedvollen Gesinnung. So wie die Eltern sich aus großer Liebe heraus um ihr Kind bemühen ohne Gedanken daran, wie verdienstvoll das ist, so sollten wir diese Eltern-Gesinnung allem gegenüber entfalten. Es ist die große Gesinnung, in der wir uns als diese selbst erfahren.

Die drei Pfeiler der Benediktushof-Küche

Christof Zirkelbach

Drei Pfeiler bilden die Basis unserer Küche:

Die Frische von Obst und Gemüse. Sie sollten möglichst sonnenwarm direkt aus dem Garten kommen, zumindest sollten sie vorwiegend unbehandelt sein und eine geringe Lagerzeit haben. Nur dann sind Inhalt und Geschmacksstoffe für uns Menschen noch weitgehend hochwertig und verwertbar. Eine Tomate, die vier Wochen lang nicht zu faulen beginnt, nützt nur dem Verkäufer, nicht aber uns, die sie verzehren möchten.

Klarheit und Einfachheit beim Kochen. Wenn wir selbst klar sind, sind es auch die Dinge um uns herum, und das Wesentliche kann deutlich aufscheinen. Jeder Arbeitstag in der Küche des Benediktushofes oder auch das Zubereiten des Essens am heimischen Herd stellt eine gute Möglichkeit dar, Klarheit zu gewinnen. Gerade bei einem so lebendigen Geschehen wie dem Kochen mit seinen vielen verschiedenen Zeitabläufen, Zutaten, Konsistenzen und Temperaturen und den entsprechenden Widrigkeiten ist diese Klarheit notwendig, um nicht in der eigenen Umständlichkeit zu versinken oder sich selbst zu verlieren.

Eine klare Vorstellung vom Geschmacksprofil der zu kochenden Speise und eine Idee, wie ich das erreichen kann, erleichtert es uns, die jeweils richtigen Zutaten zu finden und sie richtig einzusetzen. Ein unverstellter Geist mit geschärften Sinnen lässt uns leichter handwerklich wie organisatorisch zu einem schmackhaften, runden Ergebnis kommen. Klarheit bedeutet dabei, nicht stur nach einem Plan zu arbeiten, sondern das zu sehen und zuzulassen, was eben heute gerade (anders) ist.

Ein einfaches Beispiel: Ich möchte die milde und frische Säure eines Gurkensalates mit Joghurt zu einem Gericht hinzufügen. Doch heute ist es kühl und regnerisch. Ich entscheide mich also gegen den Salat und für ein wärmendes Gurkengemüse. Dessen Geschmack ist leicht zu überlagern, und bei der Kombination mit anderen Zutaten ist Vorsicht geboten. Ich werde die Gurken in Butter anschwenken, um das Fett aus dem Joghurt zu ersetzen, mit etwas Weißwein ablöschen, um die milde Säure etwas zu unterstützen, und geröstete Kürbiskerne dazugeben, um einen würzigen Gegenpol innerhalb der Speise zu schaffen. Etwas Chili, unter die Wahrnehmungsgrenze gewürzt, rundet das Gemüse ab. Eine einfache gute Speise ist entstanden, bei der wir nicht an unserer ursprünglichen Idee des Salates festgehalten haben, sondern uns an den aktuellen Bedingungen des Tages orientiert haben. Diese Klarheit teilt sich dann auch den Gästen, dem Partner, der Partnerin, den Kindern oder Freundinnen und Freunden mit.

Natürlich werden Sie immer wieder auch mit den vielen Unwägbarkeiten der Essenszubereitung konfrontiert: Die Gurken erweisen sich als überreif, die Hitze am Herd gerät zu hoch, die Gäste kommen zu spät. Jeder dieser Vorfälle ist immer eine Chance, zu sich selbst zurückzukehren, aufmerksam zu sein und klarer werden zu lassen, was jetzt in dieser Situation sinnvoll und notwendig ist. Wer soll es tun, wenn nicht ich, wann, wenn nicht jetzt, und wo, wenn nicht hier? Keine leichte Aufgabe, aber eine nährende und sehr spannende.

Kreativität. Ein entscheidender Schritt zur Kreativität liegt darin, dass wir erst einmal die Vorstellungen, die wir von den Dingen haben, aufgeben. So ist uns zum Beispiel die Kartoffel als Salz- oder Pellkartoffel wohlvertraut, doch sie kann genauso gut ein Gelee werden oder ein Dressing. Das Kartoffelwasser pikant abgeschmeckt mit gegarten Kartoffel- und Apfelstückchen angereichert und mit Geliermittel versehen, ist eine köstliche Beigabe zum Beispiel zu Münsterkäse. Mit Kopfsalat lässt sich eine wunderbare Suppe kochen oder auch ein Schmorgemüse herstellen. Gelee, Suppe usw. sind dabei nur die Formen, Kartoffel, Kopfsalat der Inhalt. Befreien wir sie aus ihren ›angestammten‹, uns vertrauten Formen, können wir sie, unvoreingenommen wie Kinder, wieder neu zusammensetzen. Natürlich leitet uns dabei das Ausgangsprodukt: was sich am besten daraus machen lässt, wo es seinen Geschmack und seine Verträglichkeit am besten entfaltet. Mit der Zeit kommt dann ein immer größerer Erfahrungsschatz über die Variationsmöglichkeiten dazu, doch der entscheidende Ausgangspunkt ist immer größtmögliche Unvoreingenommenheit. Spüren Sie die elementare Freude am Neu-Zusammensetzen, am Spielen, am Kreativen. Das ist ein wunderschöner Ausdruck unseres Menschseins. Joseph Beuys bezeichnete dies einmal als »Wärmeimpuls«, durch den sich unser Leben vollzieht. Natürlich müssen auch wir das Rad nicht jedes Mal neu erfinden, und Sie werden in diesem Kochbuch viele Anregungen für neue Geschmackskombinationen finden, die Sie wiederum auf neue Gedanken und kreative Ideen bringen können. Variiert werden dabei die Inhalte, die auf vielleicht ungewohnte Weise mit bestimmten Formen zusammengebracht werden.

Entdecken Sie Ihre Kreativität beim Kochen. Dadurch kann etwas so Einfaches wie Kochen zu einem Vergnügen werden, das Sie jeden Tag immer wieder neu genießen können.

Doch natürlich ist es gar nicht immer angebracht, kreativ zu sein. Wenn ich zu Hause bei meiner Mutter zu Besuch bin, möchte ich gar nicht, dass sie besonders kreativ ist, sondern dass sie die Erbsensuppe so kocht, wie ich sie kenne und liebe. Wir verbinden Gerichte oft mit bestimmten Erinnerungen und Gefühlen, und sie haben in hohem Maße einen Wiedererkennungswert für uns. Im Benediktushof beginnen die Kurse meist am Abend, und wir reichen dann oft ein einfaches Kartoffelgericht, was heißen soll: Willkommen, kommen Sie in aller Ruhe an, hier ist alles so, wie es immer war, und das ist auch gut so.

Womit und wie beginnen?

Christof Zirkelbach

Worauf haben Sie Hunger?

Wenn Sie ein gutes Mahl zubereiten möchten, sollten Sie sich als Erstes fragen, worauf Sie eigentlich Hunger haben.

In unserem Alltag fühlen wir uns aber häufig so im Stress oder in Zeitnot, dass wir dieser Frage nicht nachgehen oder sie uns gar nicht erst in den Sinn kommt. Wir wärmen uns lieber schnell etwas auf, bestellen eine Pizza oder gehen essen. Die aufgewärmten Fertigprodukte mit Geschmacksverstärkern gaukeln uns dann ein gutes Essen vor, indem sie uns nur bestimmte ›Kicks‹ schmecken lassen. Oder wir hängen bestimmten Ernährungstheorien an, die uns nach einem bestimmten Plan vorgehen lassen, ohne dass wir auf unseren Körper hören. Oder wir folgen unserer Gier, die uns schlicht und einfach ständig zu viel essen lässt.

Herauszufinden, was Sie heute kochen und essen möchten, heißt erst einmal zu spüren, worauf Sie heute Hunger haben. Ein gewisses Maß an Hunger bereitet uns auf unser Essen vor, haben Sie keine Angst davor und gehen Sie diesem Gefühl nach. Wonach, nach welchem ›Inhalt‹ gelüstet es Sie, soll er feurig, wärmend, erfrischend oder belebend sein? Ist es heute kalt oder warm? Wie können Sie sich und anderen mit dem Essen eine Freude bereiten? Horchen Sie in sich hinein. Kauen Sie Ihren Hunger. Gehen Sie auf den Gemüsemarkt und lassen Sie sich inspirieren oder schmökern Sie zu Hause in Ihren Kochbüchern. Lassen Sie sich anregen von Farben, Formen und Gerüchen: Lassen Sie sich von dieser sinnlichen Vorfreude kochen, damit klar und unverstellt das werden kann, was jetzt ist.

Was brauchen Sie, um mit dem Kochen zu beginnen?

Kochen ist eine einfache Sache, Sie brauchen dazu wirklich nicht viel. Zuallererst brauchen Sie Zeit, Zeit, die Sie mit sich und Ihrer Arbeit, der Zubereitung des Essens, verbringen wollen. Betrachten Sie diese Zeit – einmal oder zweimal am Tag – als Ihre Zeit. Zünden Sie sich ein Teelicht an, während Sie ein Essen zubereiten. Geraten Sie in Hektik und wollen Sie alles in der Hälfte der Zeit bewältigen, kann das Teelicht Sie daran erinnern: Das ist meine Zeit, und ich lasse mich von nichts und niemandem antreiben, auch nicht von mir selbst.

Dann brauchen Sie einen Arbeitsplatz mit nicht mehr als sechzig bis achtzig Zentimetern Länge und ein Arbeitsbrett. Dieser Platz sollte immer frei und durch nichts verstellt sein. Keine Flaschen oder kein ungespültes Geschirr sollten dort stehen, keine Zeitschriften dort liegen, die Sie vor dem Kochen erst entfernen müssten. Des Weiteren brauchen Sie einige wenige Werkzeuge, die jedoch sollten von einwandfreier Qualität sein. Es genügt ein scharfes Messer in der Größe Ihrer Wahl, an das Sie sich gewöhnt haben und mit dem Sie einen Großteil aller Nahrungsmittel zerteilen können. Es sollte von Ihnen sorgsam gepflegt, das heißt zum Beispiel nicht in der Spülmaschine gereinigt werden, einzeln aufbewahrt und nur von Ihnen benutzt werden. So bleibt es scharf und immer einsatzbereit. Mit einem stumpfen Messer schneidet man sich nur, und es macht nicht, was wir wollen.

Sie brauchen außerdem noch ein festes Geschirrtuch, mit dem Sie etwas abwischen oder heiße Töpfe anfassen können. Ein solches Tuch wird auch von den meisten Köchen gerade in Profiküchen benutzt. Mein ehemaliger Küchenchef, der bei Eckehard Witzigmann in Diensten war, erzählte mir einmal, dass eines Abends Paul Bocuse einen Tisch bei ihnen reserviert hatte. Einen Moment war es still in der Küche. Einer der besten Köche der Welt kam zum anderen zum Essen. Nun wurde nicht etwa noch aufwendiger gekocht, nein. Alle Köche mussten putzen, denn es war klar, dass Paul Bocuse auch die Küche besichtigen würde, und das Aushängeschild jeder Küche ist neben der Qualität der Gerichte ihre Sauberkeit und Ordnung. Und beides ist untrennbar miteinander verbunden.

Auch in Ihrer Küche sollte sich alles immer an seinem Platz befinden. Nur wer sich vorab gut organisiert hat, kann sich den Rahmen für die Feinheiten und Einzelheiten eines guten Gerichts schaffen. Nur auf dieser Basis können dann Erfahrung und Wissen über das Kochen zum Tragen kommen.

Letztlich spiegelt sich alles in Ihrer Arbeit wider: Ihre Achtsamkeit wie Ihre Trägheit, Ihre Liebe wie Ihr Desinteresse. Deswegen ist auch Ihr Kochen und damit Ihr Essen immer ein Ausdruck Ihrer selbst.

Zu den Rezepten

- Alle Rezepte verstehen sich für 4 Personen.
- Farblos anschwitzen: das Gargut, meistens die Zwiebel, heiß glasig werden lassen, ohne es zu bräunen und dadurch Röststoffe entstehen zu lassen.
- Würzen: die Zugabe der Gewürze.
- Abschmecken: die genaue Überprüfung von Salzgehalt, Schärfe, Süße und Säuregrad.
- Konsistenz überprüfen: die »Dicke« der Suppe genau bestimmen, die man über den Fettgehalt oder über ein Bindemittel, meist eine gekochte Kartoffel oder Sahne, beeinflussen kann.

Frühstücksrezepte

Frischkornbrei

200 g	Dinkel
1	Apfel
1	Birne
½	Banane
100 ml	Sahne
	Vanille oder Zimt

Den Dinkel grob schroten und mit so viel kaltem Wasser verrühren, dass er eben
bedeckt ist. Über Nacht stehen lassen. Am Morgen das Obst raffeln oder klein
schneiden.
Die Sahne steif schlagen. Nun alles zum Dinkel geben und vorsichtig verrühren.
Mit Vanille oder Zimt abschmecken. Je nach Jahreszeit kann auch anderes Obst
verwendet werden. Dann muss evtl. mit Honig oder Fruchtsüße nachgesüßt werden.

Hirsebrei

200 g	Hirse
500 ml	Wasser
500 ml	Milch
1 Prise	Vollmeersalz

Das Wasser zum Kochen bringen. Die Hirse hineingeben und aufkochen lassen. Wenn das Wasser verkocht ist, die Milch und das Vollmeersalz hinzugeben und noch einmal aufkochen, dabei sollte immer mal wieder umgerührt werden. Nun die Herdplatte ausstellen und den Brei auf der ausgeschalteten Herdplatte gut ausquellen lassen.

SERVIERVORSCHLAG

Je nach Geschmack kann zu dem warmen Hirsebrei Kompott und Joghurt gereicht werden.
Gegebenenfalls mit Honig, Fruchtsüße oder Ahornsirup nachsüßen.

Knuspermüsli

35 g	Sonnenblumenöl, kalt gepresst
90 g	Butter
50 g	Rohrrohzucker
70 g	Honig
300 g	grobe Haferflocken
25 g	Sesam
50 g	Sonnenblumenkerne
100 g	Kokosflocken

Sonnenblumenöl, Butter, Rohrrohzucker und Honig in einem tiefen Backblech bei 140 Grad circa 10 Minuten lang erhitzen, bis sich alles verflüssigt.
Haferflocken, Sesam, Sonnenblumenkerne und Kokosflocken in eine Schüssel geben und gut durchmischen. Zu der warmen flüssigen Masse geben. Mit einem Kochlöffel alles gut durchmischen. Bei 160 Grad circa 45 Minuten lang backen, dabei immer wieder das Blech aus dem Backofen nehmen und gut durchrühren. Nach dem Abkühlen das Knuspermüsli zerbröseln und in einer Dose luftdicht aufbewahren.

Serviervorschlag
Geben Sie Naturjoghurt und frisches Obst dazu.

Reisbrei

240 g	Milchreis
240 ml	Wasser
240 ml	Milch
100 ml	Apfelsaft
	Kardamom, gemahlen
	Zimt, gemahlen
	Ingwer, gerieben
1 EL	Mandelmus

Das Wasser wird mit dem Milchreis aufgekocht. Wenn das Wasser verkocht ist, die Milch hinzugeben und den Brei noch einmal aufkochen lassen. Den Reis ausquellen lassen.
Den Apfelsaft hinzugeben und mit den Gewürzen nach Geschmack abschmecken.
Zum Schluss das Mandelmus unterrühren.

Serviervorschlag
Reichen Sie Kompott dazu.

Fladenbrot

1 kg	Weizenvollkornmehl
1 EL	Vollmeersalz
2 EL	Obstessig
3 EL	Olivenöl
750 ml	Wasser
40 g	Hefe

Das Wasser, das Vollmeersalz, den Obstessig und das Olivenöl in eine Schüssel geben.

Das Weizenvollkornmehl langsam dazugeben und zum Schluss die Hefe hineinbröckeln. Der Teig sollte nun 10 Minuten geknetet werden. Danach 30 Minuten gehen lassen. Nun können Fladen geformt und auf ein gefettetes Backblech gelegt werden. Die Fladen sollten nun noch einmal circa 10 bis 15 Minuten gehen. Gebacken werden sie 10 Minuten lang bei 210 Grad und dann bei 170 Grad noch für circa 15 Minuten.

Hefeweizenbrot

FÜR DEN VORTEIG

500 g	Weizenvollkornmehl
500 ml	kaltes Wasser
10 g	Hefe

FÜR DEN TEIG

500 g	Weizenvollkornmehl
circa 400 ml	kaltes Wasser
1 EL	Vollmeersalz
30 g	Hefe

Für den Vorteig alles mit der Hand gut vermengen. Abgedeckt bei Zimmertemperatur über Nacht stehen lassen. Am Morgen das Wasser, das Weizenvollkornmehl und das Vollmeersalz zu dem Vorteig geben und alles gut verkneten. Zum Schluss die Hefe in den Teig hineinbröckeln und mit der Küchenmaschine oder mit der Hand 10 Minuten kneten.
Danach sollte der Teig circa 30 bis 60 Minuten ruhen. Dann in eine gefettete Kastenform füllen. Nun sollte das Brot noch einmal circa 10 bis 20 Minuten gehen. Bei 210 Grad 10 Minuten backen, dann auf 170 Grad circa 40 Minuten weiterbacken.

Schnelle Brötchen

500 g	Weizenvollkornmehl
500 g	Quark
1 EL	Vollmeersalz
2 TL	Weinsteinbackpulver
2	Eier

Alle Zutaten miteinander zu einem Teig verkneten. Daraus Brötchen formen und auf ein gefettetes Backblech legen.
Bei 160 Grad für circa 20 bis 30 Minuten backen.

Schnelles Weizenbrot

400 g	Weizenvollkornmehl
100 g	Buchweizenmehl
80 g	Sesam
1 EL	Vollmeersalz
500 ml	lauwarmes Wasser
1 bis 2 EL	Obstessig
40 g	Hefe

Das Wasser, den Obstessig und das Vollmeersalz in eine Schüssel geben. Die Mehlsorten und den Sesam unterrühren und zum Schluss die Hefe hineinbröckeln. Nun wird der Teig 10 Minuten lang geknetet. Dann in eine gefettete Kastenform füllen. Nun muss der Brotteig circa 20 bis 30 Minuten gehen. Bei 210 Grad 10 Minuten lang backen und bei 170 Grad circa 40 Minuten fertig backen.

Kürbis-Zitronenverbene-Fruchtaufstrich

750 g	Kürbis
250 ml	Orangensaft
250 g	Rohrrohzucker
15 g	Konfigel
1 EL	Zitronenverbene
½	Zitrone

Den vorbereiteten Kürbis fein reiben. Den Kürbis mit dem Orangensaft, dem Rohrrohzucker und dem Konfigel vermischen und aufkochen. 3 Minuten kochen. Die Zitronenverbeneblätter ganz fein schneiden und unter den Fruchtaufstrich rühren. Mit etwas Zitronensaft abschmecken. Noch einmal kurz aufkochen und dann heiß in saubere Gläser füllen.

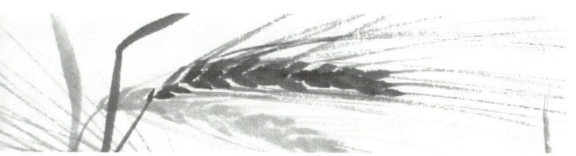

Aprikosen-Lavendel-Marmelade

1 kg	Aprikosen
400 g	Rohrrohzucker
15 g	Konfigel
4–5 Rispen	Lavendelblüten

Die Aprikosen waschen, entkernen und klein schneiden. Den Zucker mit dem Konfigel zu den Aprikosen geben und unterrühren, dann aufkochen. Etwa 3 Minuten kochen und zum Schluss die abgestreiften Lavendelblüten dazugeben. Heiß in Gläser abfüllen und sofort verschließen.

Blütenbutter

100 g	Butter
1 Prise	Vollmeersalz
1 TL	Honig
Blüten von	Löwenzahn, Ringelblumen, Mohn, Malve usw.

Die Butter gut schaumig rühren und mit dem Vollmeersalz und dem Honig abschmecken.
Von den Blüten werden nur die Blütenblätter verwendet, diese bei Bedarf etwas klein schneiden und unter die Butter rühren.

2. Kapitel

Unmons
»Sesambrötchen«

Doris Zölls

Gerade die scheinbar einfachen Hausarbeiten, und darunter fällt auch das Kochen, genießen bei uns kein großes Ansehen. Ein Spitzenkoch, mit einigen Sternen – das ist natürlich etwas anderes. Der ragt heraus, der findet Beachtung. Doch die tagtägliche, unscheinbare, nicht bezahlte Hausarbeit wird eher als niedere Arbeit eingestuft und das wird auch auf die Person, die sie verrichtet, übertragen.

Im Zen ist das gerade umgekehrt. Diese so unscheinbaren Arbeiten besitzen einen hohen Stellenwert. Sie sind Teil der Übungspraxis. Gerade in den regelmäßigen, nach außen hin nicht bedeutend erscheinenden Tätigkeiten treten nämlich sehr schnell unsere Konditionierungen deutlich zutage. Daher sind sie ein fruchtbares Feld, sich selbst zu erkennen. In diesen Arbeiten taucht sehr schnell auf, wie sehr wir von der Absicht gelenkt sind, schnell die Arbeit hinter uns zu bringen, oder von Angst, es ja auch richtig zu machen, oder von der Hoffnung auf Lob und Anerkennung. Immer wieder müssen wir uns motiviert fühlen, die Arbeit aufzunehmen. Ein Tun nur um des Tuns willen ist uns eher fremd und ungewohnt.

Samu, so wird die Arbeit im Zen genannt, ist daher die große Möglichkeit, die eigenen Lebenskonzepte und Konditionierungen zu erkennen, sie loslassen zu lernen, indem man sich dem Augenblick des Tuns hingibt. Darin finde ich mich selbst.

Auf diesem Weg, sich selbst zu finden, kam einst ein Mönch zu Meister Unmon und wollte von ihm wissen, wie er sich selbst verwirklichen könne. Wie wir alle, wollte er groß hinaus und so fragte er Meister Unmon:

»Welches Wort muss ich sagen, damit ich alle Buddhas und Ahnen übertreffe?«

Diese Frage wirkt im ersten Moment geradezu größenwahnsinnig. Wie sollte man Buddha übersteigen können?

Doch in dieser Frage liegt die große Sehnsucht, etwas Besonderes, etwas Herausgehobenes zu sein.

Als Kind erfahren viele von uns, dass sie einzigartig sind. Für die Eltern, die Familie sind wir etwas Besonderes. Alles, was wir lernen, ob gehen oder sprechen, wird mit großer Begeisterung und großem Lob aufgenommen, und wir lernen uns selbst wie selbstverständlich als einzigartig zu verstehen. Mit zunehmendem Alter jedoch kehrt sich dies um, auf einmal finden wir uns in einer Umgebung, in der wir uns behaupten müssen, um gesehen zu werden. Dazu kommt noch, dass wir erleben und manchmal sogar bitter erfahren müssen, dass andere vieles besser können und dadurch scheinbar anerkannter sind als wir selbst.

Der Film »Amadeus« von Milos Forman erzählt das Leben Mozarts aus der Perspektive des Wiener Hofkomponisten Salieri. Dieser konnte die Genialität Mozarts nicht ertragen und treibt Mozart in den Tod. Danach wurde er in eine Nervenheilanstalt eingeliefert. In einer Szene wird Salieri in einem Rollstuhl durch die Anstalt geschoben, und dabei segnet er all die anderen Verrückten, die vielen Napoleons, Pharaonen, Kaiser und Könige, mit den Worten: »Gesegnet seien die Mittelmäßigen.« Diese Szene prägte sich mir tief ein und mir wurde deutlich, wie schwer es für uns Menschen ist, anscheinend nur ›Mittelmaß‹ zu sein und nicht etwas Besonderes. Und der Segen, den Salieri über all die armen Menschen verteilte, er war heilsam. Er drückte den Zuspruch aus, so sein zu dürfen, wie man ist, sein eigenes Maß.

Wenn wir wirklich das, was sich in diesem Augenblick als das Leben in uns entfaltet, sein können, dann sind wir gesegnet. Doch meistens können wir das nicht, wollen oder sollen anders, besser, schneller effektiver, perfekter sein.

Der Mönch, der zu Unmon kam, stand anscheinend unter demselben Druck, etwas Besonderes leisten und in seinem Leben andere überragen zu müssen.

Er will ein besonderer Mönch werden, vielleicht ein neuer Zen-Meister, vielleicht ein ganz besonderer Meister. Er will Karriere machen. Er will es sich nicht leichtmachen, er will sogar Buddha und die Buddha-

Ahnen übertreffen, noch mehr erfahren haben, noch mehr erkennen als sie.

Dies schmeichelt natürlich unserem Ich. Wer möchte nicht der Beste, Schönste, Klügste sein, der alles bisher Dagewesene übertrifft? Wer möchte nicht etwas Besonderes im Leben vollbringen und in die Geschichte eingehen? Und sei es nur, einfach wichtig zu sein, für Freunde, Freundinnen, Partner oder Partnerin und die Familie. Wir haben meist feste Vorstellungen, wer oder was im Leben etwas Besonderes und Wichtiges ist. Das ist schon bei Kindern zu sehen. Da schwärmen die Mädchen davon, eine Prinzessin zu sein, und die Jungs Polizist oder Ritter. Im Erwachsenenalter verändert sich dies, da meint der eine, wenn man im Rampenlicht steht, ist man wichtig, der andere, wenn man politisch oder gesellschaftlich etwas bewegen kann.

Mit am schwersten haben es immer noch Hausfrauen, die sich oft rechtfertigen müssen, dass sie auch etwas Wichtiges zum Leben beitragen.

Diese Frage der Wichtigkeit tut sich im Alter nochmals neu auf, wenn man in den Ruhestand versetzt wird oder wenn die Kinder aus dem Haus sind und man nicht mehr gebraucht wird. Manche decken sich dann so mit Arbeit ein, dass sie nun überhaupt keine Zeit mehr haben und dadurch die eigene Wichtigkeit kundtun können.

Solange wir Formen bewerten, so lange lebt in uns das Verlangen, das Beste und Schönste zu erreichen. Ich glaube, es ist einer der schwersten Schritte auf dem Weg zum Erwachsensein, das eigene Leben, so wie es ist, und damit mich, so wie ich bin, als in Ordnung, ja, für mich als das Entscheidende anzunehmen. Mich anzunehmen, so wie sich das Leben in mir im Augenblick gestaltet, das bedeutet, als Mensch zu wachsen, erwachsen werden.

Das eigene Leben mit all seinen Widerständen und Unzulänglichkeiten in jedem Augenblick als bedeutend zu erfahren heißt, mit sich und dem Leben identisch zu sein. Dann stehen wir nicht mehr unter dem Druck, etwas Besonderes sein zu müssen, und das ist befreiend. Dazu eine kleine Geschichte:

Mullah Nasrudins geheimes Hobby war die Dichtkunst. Jahr um Jahr mühte er sich ab, sie zu erlernen, und bisweilen beteiligte er sich auch brieflich und ohne Wissen seiner Mitmenschen an einem Dichterwettstreit. Eines Tages saß er auf den Stufen seines Hauses und weinte bitterlich. Sein Freund Wali sah ihn dort sitzen und sagte: »Komm, Nasrudin, so schlimm wird es doch nicht sein.«

»O doch«, schluchzte Nasrudin, »denn ich habe gerade aus tiefstem Herzen eingesehen, dass sich die Dichtkunst, die ich erlernen wollte, mir verschließen wird.« Mitfühlend sagte Wali: »Nun, das tut mir wirklich leid für dich. Aber wenn du lernst, das Dichten innerlich loszulassen, dann wird es dir schon bald wieder besser gehen.« Da schrie der Mullah auf. »Das ist es ja gerade, es geht nicht! Die Akademie des Sultans hat mich zum Hofdichter ernannt. Seit gestern bin ich berühmt!«

Solange der Druck besteht, etwas Besonderes sein oder leisten zu müssen, um wer zu sein, so lange sind wir an Bewertungen gefesselt und abhängig von Lob und Anerkennung.

Auf die für den Mönch so drängende Frage, antwortet Unmon in seiner so typischen Weise nur mit einem Wort: »Sesambrötchen«. Das klingt wie ein Hohn. Durch das Banalste auf der Welt soll er sich hervorheben? Was steckt hinter dieser Antwort? Unmon macht sich damit nicht über den Mönch lustig, er will den Mönch auch nicht beleidigen, ihn nicht herabsetzen. Im Gegenteil, dieses Wort hebt uns wirklich über alle Buddhas und Ahnen hinaus. Aber nicht in dem Sinn, dass wir besser, höher, weiter, perfekter oder sonst etwas werden müssen. Nein, in dem Moment, in dem uns kein Gedanke ablenkt, wir ganz und gar der Augenblick sind, gibt es kein Ich mehr, das irgendetwas oder irgendwem gegenübersteht.

Das Ich wird eins mit dem Sprechen, wird eins mit dem Sesambrötchen, und dann gibt es keine Buddhas und Ahnen mehr. Ich, Sesambrötchen und so weiter sind selbst Buddha. Und wir können es, wie der Buddha bei seinem Erwachen, mit den Worten beschreiben: »Über dem Himmel und unter dem Himmel bin nur ich, allein und erhaben.«

Es ist der Augenblick, der sich mir als Höchstes erweist und in ihm mich zum Besonderen, Einzigartigen macht. Nicht ich muss etwas Besonderes werden oder sein, nicht das Leben muss mir etwas Außergewöhnliches bieten, damit ich einzigartig und wichtig bin, sondern jeder Augenblick, und wenn er sich in dem scheinbar so banalen Sesambrötchen zeigt, ist das Einzigartige und Höchste.

Alle Sorgen darüber, was ich tun muss und was ich werden muss, können von uns abfallen.

Das Leben als dieser eine Augenblick erweist sich in mir. Unsere Übung zeigt uns das ständig. Der Atem kommt mir in jedem Augenblick neu zu. Ich brauche und kann ihn nicht schaffen. Das Einzige, was ich kann, ist, ihn bewusst wahrnehmen, ihn erleben. Und wenn ich mich ihm ganz hingebe, wird mein Ich zum Atem selbst.

Das Leben kommt mir zu, ich nehme es wahr, lasse mich ganz und gar auf es ein. Mein Ich verschmilzt mit dem Augenblick. Ich bin das Leben selbst. Jeden Moment neu.

Dieses Erleben beschreibt die Nonne Chiyono in einem Gedicht. Sie holte Wasser, als ihr der Bambusstrick an ihrem alten Eimer riss und der Boden aus dem Eimer fiel:

Auf manche Weise versuchte ich,
den alten Eimer zu bewahren.
Weil der Bambusstrick zerschlissen war
und nah am Reißen,
bis zuletzt der Boden herausfiel.
Kein Wasser mehr im Eimer!
Kein Mond mehr im Wasser!

Erfahrungen der besonderen Art

Christof Zirkelbach

Die sieben Geschmacksrichtungen

Erfahrung beim Kochen heißt vor allem genau schmecken. Sie können Ihre Geschmacksnerven nicht verbessern, auch nicht durch den Genuss von gutem Essen. Die Geschmacksnerven sind mit einer bestimmten Anzahl von Sinneszellen ausgestattet, die Sie höchstens von schädlichen Einflüssen wie Rauchen oder dem ständigen Gebrauch von Geschmacksverstärkern befreien können. Was Sie tun können, ist, Ihre Assoziationsfähigkeiten beim Schmecken zu schulen. Indem Sie genau ›hinschmecken‹ und sich bewusst werden, was sich da gerade in Ihrem Mund im wahrsten Sinne des Wortes »abspielt«. So können Sie diese Geschmäcker später beim Kochen kombinieren. Versuchen Sie, ähnlich wie beim Wein, klar zu spüren, was Sie wann, wo und wie schmecken. Hilfreich ist, wenn Sie zunächst einmal die grundlegenden Geschmacksrichtungen definieren. Zunächst einmal werden Sie heiß und kalt wahrnehmen. Das klingt banal, ist aber für das Kochen wichtig, denn ein heißer Meerrettich schmeckt deutlich anders als ein kalter. Dann fühlen Sie die Konsistenz der Speise in Ihrem Mund. Ist sie weich, knackig, teigig oder hart? Schmeichelt sie dem Gaumen oder erschließt sich der Geschmack erst durch das Zerbeißen der Speise? Da die Konsistenz der Speise und die Größe ihrer Oberfläche ein so wichtiger Bestandteil des Geschmacks sind, versucht man diese durch die verschiedenen Formen von Fett und dessen Aufschäumen zu erreichen. Stellen Sie sich einen Tropfen Öl vor, der sich auf der Wasseroberfläche verteilt: Fett ist sehr oft der Transporter, der die verschiedenen Geschmäcker innerhalb der

Speise verteilt und hervorhebt. Ein weiterer Faktor für die Intensität des Geschmackes ist die Zeit: Wie lange schmecken Sie etwas? Beobachten Sie, wie sich ein Geschmack während des Essens aufschließen und verändern kann.

Spüren Sie nun den einzelnen Geschmacksrichtungen nach und achten Sie darauf, wo im Mund Sie sie wahrnehmen: im Gaumen oder an der Zungenspitze, am Zungengrund, oder steigt das Aroma in die Nase? Den grundlegenden Geschmacksrichtungen in Europa (süß, sauer, salzig, bitter) wird in vielen asiatischen Ländern noch scharf und ›neutral‹ hinzugefügt. Neutral meint einen ›ausgleichenden‹ Geschmack, der seine Bedeutung daraus bezieht, dass Geschmäcker sich nicht ständig übertrumpfen und toppen können, sie würden einander dann lediglich überlagern. Durch einen ›ausgleichenden‹, neutralen Geschmack schaffen wir also eine Basis, um die verschiedenen Geschmäcker und deren Zusammenspiel wahrnehmen zu können. Reis oder Brot sind Beispiele für diesen neutralen Geschmack.

Da die Konsistenz einer Speise so entscheidend für den jeweiligen Geschmack ist, sehe ich sie als eigene, als siebte Geschmacksrichtung an.

Versuchen Sie, diese Geschmacksrichtungen beim Essen noch deutlicher zu bestimmen: Ist es eine Honigsüße oder eher eine erdige Süße wie bei der Roten Beete? Ist sie angenehm oder penetrant? Ist die Säure fruchtig-leicht oder essig-scharf? Und wie verhält sie sich zur Süße? Sind bitterer Geschmack und Schärfe vorhanden, und wann und wo schmecke ich sie? Gute Gerichte werden immer eine große Anzahl von Geschmacksrichtungen in sich vereinen, wobei etliche Speisen nur unter der Wahrnehmungsgrenze gewürzt werden, um sie als Fülle und Vielfalt wahrnehmbar werden zu lassen. Manche Geschmäcker unterstützen und steigern sich gegenseitig, wie süß und sauer, andere dienen einander und heben den anderen stärker hervor, wie bei sauer und scharf, wieder andere schließen sich einfach nur gegenseitig aus, wie Salbei und Erdnuss zum Beispiel.

Können wir nicht genau benennen, was wir schmecken, müssen wir Beispiele zu Hilfe nehmen »es schmeckt wie ...«, um uns den Komponenten des Geschmacks vergleichend zu nähern. Je deutlicher Sie einen Geschmack fassen können, umso besser können Sie beim Kochen die einzelnen Geschmackskomponenten zusammenfügen. Indem Sie sich Ihrer Geschmackserfahrungen genau bewusst sind, erlangen Sie auch die Klarheit, diese zu einem Ganzen zusammenzufügen. Dabei gibt es keinen End- und keinen Zielpunkt, nur ein immer wieder neues Probieren, Schmecken, Erfahren.

Über die Geschmäcker, die so verschieden sind

Wenn wir kochen, muss uns klar sein, dass wir eine Pflanzengattung überhaupt nicht zu bearbeiten brauchen. Die Natur hat sie für uns mit allen Geschmacksnuancen ausgestattet, sodass selbst wir modernen Menschen keinen Wunsch verspüren, sie zu verändern. Es ist das Obst.

Meist süß-sauer, ›bedient‹ es den intensivsten Geschmack, den wir überhaupt empfinden können. Es ist dabei leicht verdaulich und gesund. Probiere ich eine Frucht, esse ich zum Beispiel die ersten Erdbeeren des Jahres, lässt mich der Genuss alle anderen Geschmäcker vergessen und ich meine, die beste Frucht und den intensivsten Geschmack zu genießen, die nur möglich sind. Versuche ich einen Monat später herrlich reife Herzkirschen, so bin ich genauso begeistert und bereit, diese Frucht zur Königin zu küren. Und so geht es weiter mit Brombeeren, Heidelbeeren und Äpfeln, aber auch mit Südfrüchten wie Orangen und Mangos. Ein Hauch von Paradies weht da immer zu mir herüber.

Setzen wir die Früchte auf eine imaginäre mittlere Linie einer Skala von Geschmäckern, so befinden sich etwas darunter Gemüse und Salate. Sie brauchen schon eine leichte Unterstützung durch uns, sei es durch ein Garverfahren oder das naheliegendste aller Gewürze, das Salz, um ihren Eigengeschmack voll entfalten zu können. Darunter befinden sich dann die Getreidearten, die ohne aufwendige Verarbeitung auf die Dauer nicht zu genießen wären. Ganz unten auf der Skala ist das Fleisch angesiedelt. Rohes Fleisch ohne Salz ist schlichtweg ungenießbar.

Auf der Skala nach oben zu immer intensiveren Geschmäckern sind zunächst die Nüsse und Trockenfrüchte zu finden. Sie sind gut zu essen, doch eine ganze Mahlzeit würden wir nicht mit ihnen bestreiten wollen. Danach kommen die Kräuter, die in kleineren Mengen zugegeben werden. Und ganz oben sind die Gewürze, die wir nur noch in kleinen Prisen unserem Essen beifügen.

Natürlich liegt es nahe, die geschmacksärmeren Rohstoffe mit den intensiveren zu kombinieren, um ein bestimmtes, für uns angenehmes Geschmacksniveau zu erreichen. Auch zwei starke Geschmäcker können sich noch gegenseitig bereichern, doch meistens gibt es eine erste und zweite Geige in einem guten Orchester, deren Dirigent Sie sind. Star in der Küche sollte aber immer das jeweilig zu verarbeitende Produkt sein, dem wir zur vollen Entfaltung seines eigenen Geschmackes verhelfen wollen. In der geschickten Kombination verschiedener Geschmäcker können wir ihnen zum größtmöglichen Reichtum in einem Gericht verhelfen. Dabei sind Farbe wie auch Form wichtig und zu beachten. Passen die Farben der einzelnen Rohstoffe zueinander, tun es die Geschmäcker auf wunderbare Weise meist auch. Frische Farben signalisieren frischen Geschmack; verschiedene Farbkombinationen deuten auf ein weites Spektrum der Geschmäcker hin. Durch die Wahl der Form variieren wir entscheidend den Geschmack des Ausgangsproduktes. So schmeckt eine Kartoffel als Gratin natürlich anders als in Form von Pommes frites. Eine Kartoffel kann aber auch ein Gelee oder ein Brot werden. Ein Kopfsalat kann auch eine Suppe oder ein Schmorgemüse werden. Was wir anstreben, ist, die verschiedenen Geschmäcker mit ihren Farben und Aromen immer wieder in neue Formen und Konsistenzen zu bringen. Je unvoreingenommener Sie dabei zu Werke gehen, desto überraschender ist oft das Ergebnis. Der Pfirsich kann mit dem Fenchel und die Zitrone mit dem Parmesan – wenn wir nur die richtige Form dafür wählen. Sauerkraut passt gut zu Fisch, und alles zusammen kann eine wunderbare Lasagne werden. Wir können keine neuen Geschmäcker erfinden, aber wir können für einen flüchtigen Moment einen ebenso flüchtigen Zustand von Wohlbefinden und Erinnerung, Überraschung und Entzücken in unserem flüchtigen Dasein für uns und andere herstellen.

Aufstriche
und
Salate

Avocadocreme

2	reife Avocados
	Saft einer Zitrone
1 Zehe	Knoblauch
	Salz
	Chili

Die Avocados der Länge nach aufschneiden, den Stein entfernen und aufheben. Mit dem Löffel das Fruchtfleisch herausheben und mit dem Saft der Zitrone, Salz und einer Prise Chili in eine Schüssel geben. Alles zusammen mit der durchgedrückten Knoblauchzehe in einer Schüssel mit der Gabel fein zerdrücken und verrühren. Abschmecken.

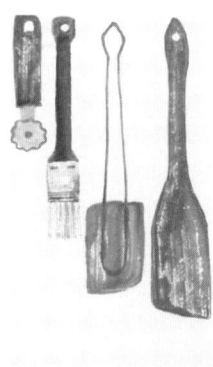

Humus

150 g	Kichererbsen
6 EL	Olivenöl
1 Zehe	Knoblauch
½	Zitrone
2 EL	Tahin
	Salz
	Chayennepfeffer
	Kreuzkümmel

Die Kichererbsen über Nacht in reichlich Wasser einweichen. Am nächsten Tag abgießen und circa eine Stunde weich kochen. Beim Abgießen das Wasser zurückbehalten. Die Kichererbsen mit der zerdrückten Knoblauchzehe und den übrigen Zutaten im Mixer pürieren und so lange Wasser zugeben, bis ein fester Brei entsteht. Mit den Gewürzen nochmals abschmecken.

Olivenaufstrich

circa 100 g	schwarze entsteinte Oliven
1 Bund	Rucola
circa 10	getrocknete Tomaten
200 g	Frischkäse

Die Oliven grob hacken. Die getrockneten Tomaten circa eine halbe Stunde in heißem Wasser quellen lassen, dann das Wasser abschütten. Den Rucola waschen und fein schneiden. Dann alle Zutaten im Mixer mit dem Frischkäse pürieren.

Pilzbutter

300 g	Austernpilze
1	kleine Zwiebel
100 g	Butter
	Salz
	Pfeffer
	etwas Olivenöl

Die Pilze waschen und klein schneiden. Die Zwiebel schälen und ebenfalls klein schneiden. Beides in einer Pfanne im heißen Olivenöl anbraten, mit Salz und Pfeffer würzen. Noch warm in einen Mixer geben und mit der Butter pürieren. Abschmecken und noch eine Stunde kalt stellen.

Bouquet von Blattsalaten mit Raukedressing und Trauben

Blätter	von verschiedenen Kopfsalaten, zum Beispiel Lollo Rosso, Radicchio, Eichblatt, Kopfsalat, in der Gesamtmenge eines Kopfes
400 g	weiße und blaue Trauben
	Butter

FÜR DAS DRESSING

1 Bund	Rauke
1	kleine Zehe Knoblauch
50 ml	Apfelsaft
	Balsamico Bianco
	Sonnenblumenöl
	Olivenöl
	Salz
	Pfeffer

FÜR DIE GARNITUR

Blütenblätter, zum Beispiel von der Sonnenblume, Mohn oder Ringelblume

Die Salate waschen und die großen Blätter für das Bouquet verwenden. Die Blütenblätter von der Blüte zupfen. Die Trauben waschen, halbieren und die Kerne entfernen. Die Rauke waschen, grob schneiden und mit dem Apfelsaft, einem Schuss Essig, einer Prise Salz und etwas Pfeffer mit dem Pürierstab zerkleinern. Langsam etwas Sonnenblumenöl dazugeben, bis ein homogener grüner Brei entsteht. Abschmecken und mit der zerkleinerten Knoblauchzehe und dem Olivenöl zu einer sämigen Soße aufmixen. Die Salatblätter mit dem Dressing marinieren und je ein Viertel wie zu einem Blumenstrauß arrangieren. Die ›Füße‹ des Salatstraußes mit beiden Händen nehmen und gegeneinander verdrehen. Der Strauß hat nun einen Stand und lässt sich auf einen Teller setzen. Die Trauben in der Butter kurz warm anschwenken, salzen und mit den Blütenblättern auf das Salatbouquet drapieren.

Erdgemüsesalat mit Minze

200 g	Petersilienwurzeln
200 g	Karotten
200 g	Sellerie
50 g	Topinambur
1 Bund	Blattpetersilie
½ Bund	Minze
1 EL	Sesamöl
8 EL	Sonnenblumenöl
	Meersalz
	Pfeffer
	Weißweinessig

Die Petersilienwurzeln, Sellerie und die Karotten waschen, schälen und in gleich dicke Scheiben schneiden. In Salzwasser bissfest blanchieren und in Eiswasser abkühlen. Die Petersilie und die Minze waschen, von den Stielen zupfen und fein schneiden. Den Topinambur im Wasser bürsten, in Scheiben schneiden und in etwas Sonnenblumenöl anbraten, die beiden Kräuter dazugeben und heiß über das Erdgemüse geben. Mit Salz und Pfeffer, Weißweinessig und Sesamöl abschmecken.

Gemüsesalat süßsauer

1	Paprika rot
1	Paprika gelb
1	Zucchini
3 Stangen	Staudensellerie
1	kleiner Blumenkohl
300 g	Zucker
1 Bund	Dill
	Salz
	Pfeffer
	weißer Balsamico
	Sonnenblumenöl
	Olivenöl

Die Gemüse waschen, gegebenenfalls entkernen und in circa 2 cm große Stücke schneiden. Den Zucker in 0,5 l Wasser aufkochen und das Gemüse darin nacheinander bissfest blanchieren. Den Dill waschen, vom Stiel zupfen und fein schneiden. Mit dem Salz und dem Pfeffer, dem weißen Balsamico zum Gemüse geben, süßsauer abschmecken und mit den Ölen zu gleichen Teilen marinieren.

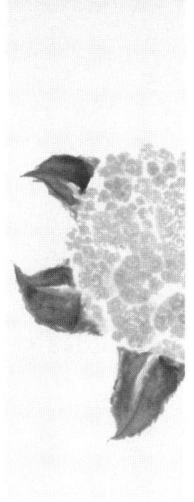

Rohkostsalat mit Kohlrabi
und Blumenkohl

1	Kohlrabi
1	Blumenkohl
1	kleine Honigmelone
1 Bund	Radieschen
1 Bund	Schnittlauch
	Meersalz
	weißer Pfeffer
	Saft einer Zitrone
0,1 l	Apfelsaft
circa 8 EL	Distelöl
50 g	Kürbiskerne

Kohlrabi und Blumenkohl waschen, schälen und mit dem Gemüsehobel fein raspeln. Die Radieschen waschen und in Stäbchen schneiden, die Melone schälen, das Kerngehäuse entfernen und in feine Würfel schneiden. Schnittlauch waschen und fein schneiden. Die Kürbiskerne in einer Pfanne rösten, bis sie knacken. Alle Zutaten in einer Schüssel vermengen, 5 Minuten durchziehen lassen. Abschmecken und servieren.

Römersalat mit Roquefortdressing

2 Köpfe	Römersalat
2	Birnen
50 g	Roquefort
6 EL	Buttermilch
	Zitronensaft
	Meersalz
	weißer Pfeffer
	Olivenöl
	Thymian

Die Blätter vom Strunk lösen und grob zerpflücken. Die kräftigen Rispen ruhig mit verwenden. Waschen, schleudern oder gut abtropfen lassen. Die Birnen waschen und in feine Spalten schneiden. Den Knoblauch schälen und fein hacken. Den Thymian von den Stielen zupfen und fein schneiden. Für das Dressing den Thymian mit dem Käse und der Buttermilch, Zitronensaft, Salz und Pfeffer mit dem Pürierstab zerkleinern und unter langsamem Eingießen des Olivenöls zu einer sämigen Flüssigkeit mixen. Abschmecken. Die Flüssigkeit soll nur gerade so dick sein, dass sie am Salatblatt anhaftet. Den Salat mit dem Dressing marinieren und die Birnenschnitze unterheben.

Spargelsalat mit Erdbeeren und Senfdressing

500 g	weißen Spargel
500 g	grünen Spargel
300 g	Erdbeeren
1 EL	grobkörniger Senf
	Weißweinessig
4 EL	Öl
	Salz
	Pfeffer
	Zucker
	Zitronensaft
1 kleiner Bund	Petersilie

Den weißen Spargel schälen und circa 1 cm am unteren Ende abschneiden. In 4 cm große Stücke schneiden und dann in kochendem Wasser mit etwas Zitronensaft, Salz und Zucker circa 10 bis 15 Minuten bissfest garen. Aus dem Sud herausnehmen. Den grünen Spargel nur am unteren Drittel schälen und ebenfalls das untere Ende 2 cm abschneiden. Dann in circa 4 cm große Stücke schneiden und im köchelnden Spargelsud bissfest garen. Den Sud nicht mehr verwenden.
Die Petersilie waschen, von den Stielen zupfen und fein hacken.
Die Erdbeeren waschen, die Blüte entfernen und vierteln. Aus dem Senf, dem Weißweinessig, dem Öl, Salz und Pfeffer ein Dressing zusammenrühren und mit dem Spargel vermengen. Dann noch die Erdbeeren und die Petersilie unterheben.

Spinatsalat mit Mozzarella

200 g	junger Spinat
150 g	Mozzarella
	grobkörniger Senf
2 EL	Waldmeisteressig
	Öl
	Olivenöl
	Salz
	Pfeffer
	Muskat
50 ml	Apfelsaft
60 g	Cashewnüsse

Den Spinat gut waschen und die Stiele entfernen. Gut abtropfen lassen oder schleudern. Den Mozzarella ganz fein zerrupfen und mit frischem Muskat vermengen. Die Cashewkerne rösten und ebenfalls daruntermischen. Für das Dressing den Essig mit 2 EL Senf und dem Apfelsaft mit Salz und Pfeffer vermischen. Unter Rühren mit einem Schneebesen das Öl, dann das Olivenöl zu gleichen Teilen dazugeben. Den Spinat mit dem Dressing marinieren und die Mischung aus Mozzarella, Muskat und Cashewkernen darübergeben.

Tofusalat

400 g	Räuchertofu
I Bund	Lauchzwiebel
2 Schalen	Sojasprossen
2	Kiwi
I Bund	Radieschen
4 EL	Sojasauce
I TL	Chiliöl
I EL	Sesamöl
I Bund	Thaibasilikum
	etwas Zitronensaft

Den Tofu in Würfel von circa I cm Kantenlänge schneiden. Den Lauchzwiebeln
die unschönen Blätter abnehmen, in Zigarettenlänge durchschneiden und der
Länge nach vierteln. Die Kiwi schälen und würfeln. Die Radieschen waschen und
zu Stiften schneiden. Das Thaibasilikum waschen und von den Stielen zupfen.
Alle Zutaten in einer Schüssel vermengen und mit den Ölen, der Sojasauce und
dem Zitronensaft abschmecken.

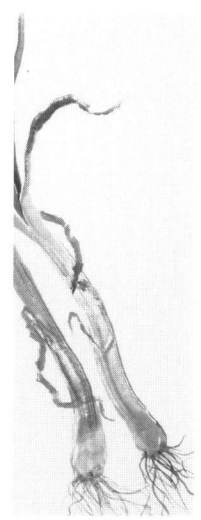

3. Kapitel

Das Leben kocht sich in uns

Doris Zölls

Manchmal haben wir den Eindruck, nicht wir haben es in der Hand, wie unser Leben verläuft und sich gestaltet, sondern wir selbst werden vom Leben regelrecht »weich« gekocht. Dieses Gefühl stellt sich meist dann ein, wenn das Leben mit unseren festen Vorstellungen, wie es zu sein hat, nicht übereinstimmt. Das ist oft nicht leicht hinzunehmen. Unsere Lebensrezepte sind uns lieb geworden, sie geben uns scheinbar Halt und mit ihnen wollen wir unser Leben selbst kochen.

Aber viele der Zutaten und Bedingungen, mit denen wir uns unsere Lebensgerichte in Gedanken kreieren und die uns unabdingbar für ein gutes Gericht erscheinen, stellt uns das Leben gar nicht zur Verfügung.

Wir können darüber in Verzweiflung geraten, dass uns so unser ersonnenes Lebensgericht nicht gelingen kann, da uns die Zutaten dafür fehlen. Doch sosehr ich es vielleicht versuche, das Gericht doch noch hinzubekommen – ich selbst bin Ausdruck des Lebens, kann mich nicht außerhalb des Lebens stellen und es streng nach festen Rezepten kochen. Nicht wir kochen das Leben, das Leben kocht sich in uns selbst.

Das Leben hält sich auch an kein erworbenes oder von uns erstelltes Rezeptbuch. Wir erleben so oft, dass feste Anleitungen und Regeln nicht zum Erfolg führen, im Gegenteil, sie nehmen dem Lebensmahl die Vielfalt. Sie machen es eintönig und langweilig.

Das Leben ist vielfältig, wandelbar, es fordert uns jeden Moment auf, unsere festen Vorstellungen immer wieder loszulassen und die momentanen Gegebenheiten sich entfalten zu lassen. Das Leben weicht unsere Konzepte auf, und dadurch werden wir offen für Neues.

In diesem Prozess können wir, wenn wir uns nicht an unseren Rezepten festkrallen, entdecken, dass uns das Leben Zutaten schenkt, an die wir vorher vielleicht nie gedacht haben. Diese unberechenbare Offenheit des Lebens erleben wir als Hemmnis und Einschränkung, wenn wir der Überzeugung sind, wir müssten ständig mit schlechteren Zutaten als andere und unter unzumutbaren Umständen kochen.

Dagegen empfinden wir diese Unberechenbarkeit als bereichernd, wenn wir alles Unvorhersehbare als Anstoß erleben, uns schöpferisch auf Neues einzulassen. Dann wird das sich selbst kochende Leben spannend. Wir erleben uns in einer Haltung, wie sie kleinen Kindern noch zu eigen ist. Sie begegnen dem Leben offen und uneingeschränkt. In ihnen ist noch ein Staunen über all das, was das Leben ihnen schenkt, was es mit und für sie kocht. In dieser Haltung bekommt das Leben einen neuen Geschmack: unerwartet, ungewohnt, vielleicht manchmal sehr fremd, doch unglaublich vielfältig. Unzählige, niemals geahnte Möglichkeiten tun sich auf, die all unsere fest gefügten Vorstellungen und starren Rezepte übersteigen, da sie dem Leben nicht im Geringsten gerecht werden können.

Das Leben agiert als Koch und erweist sich zugleich als wohlschmeckendes Gericht. Es kreiert sich in uns als Gericht mit den bestmöglichen Geschmacksverbindungen. Jeder Augenblick eröffnet uns einen neuen, vollkommenen Geschmack.

Dies wurde auch dem Zen-Mönch Banzai bewusst, als er eines Tages über den Marktplatz ging und hörte, wie ein Kunde zum Metzger sagte: »Geben Sie mir das beste Stück Fleisch, das Sie haben!«, und dieser antwortete: »Bei mir ist jedes das beste Stück.«

Dies zu erkennen ist nicht selbstverständlich und immer einfach. Wir alle kennen Vorlieben und Abneigungen, bevorzugen die süßen Seiten des Lebens und lehnen die bitteren schnell ab.

Süßes mundet sehr und versüßt uns buchstäblich das Leben. Doch das Leben umfasst alle Seiten, birgt in sich alle Geschmacksrichtungen und lässt Süßes schnell zu Bitterem werden oder auch umgekehrt.

Sehr eindrücklich schildert dies Hermann Hesse in seinem Märchen von Augustus:

Anlässlich der Taufe des kleinen Augustus erfüllt sein Pate den Wunsch seiner Mutter: Sie ersehnte sich für ihren Sohn, dass er von allen Menschen geliebt werde. Egal, was Augustus nun

*machte oder wie er sich den Menschen gegenüber verhielt, ihm
wurde von allen Menschen Freundlichkeit und Liebe entgegen-
gebracht. Doch Augustus konnte diese unentwegte Süße des
Lebens nicht schmecken, mit Bitterkeit antwortete er den
Menschen und nicht nur ihnen. In ihm selbst wuchs die Bitter-
keit immer mehr an.
Zu seinem vierzigsten Geburtstagsfest erschien unerwartet
sein Pate und fragte ihn nach seinem Geburtstagswunsch.
Augustus bat ihn, er möge es doch so einrichten, dass er,
Augustus, alle Menschen lieben könne.
Der Wunsch wurde ihm gewährt. Sogleich wandelte sich das
Blatt. Die Menschen, die ihn liebten und denen er mit so
großer Bitterkeit begegnet war, rächten sich nun an ihm.
Doch er liebte sie. Verstoßen und arm zog Augustus durch
das Land. Er liebte die Menschen. Die Liebe war der wunder-
bare Geschmack des Lebens, der jede Bitterkeit ausglich.*

Es gibt noch andere Geschmacksrichtungen, mit denen das Leben
würzt.

Da ist die *Schärfe*, die in uns ein Feuer der Begeisterung entfachen
kann. Doch dieses Feuer kann auch zerstören.

Scharf wird unser Verstand dann, wenn er das Leben klar zu erkennen glaubt und die Gegensätze säuberlich trennt. Ein scharfer Ton

schwingt in unseren Worten oder unserem Verhalten. Die scharfe Unterscheidung wird schneidend und verletzend. Dieser bedrohlichen Schärfe können wir durch Milde die Spitze nehmen, wenn wir die Gegensätze vereinen und erkennen, dass sie sich nicht ausschließen, sondern als die beiden Seiten des einen Lebens erweisen. Erst durch die Milde kann die Schärfe ihren angemessenen Platz finden. Der Zerstörungskraft des Feuers wird Einhalt geboten, stattdessen werden seine reinigenden Qualitäten wirksam. Wie die Milde der Schärfe ihren angemessenen Geschmack gibt, so ist die Schärfe für die Milde unentbehrlich. Ohne die Schärfe wäre die Milde geschmacklos. Das Leben hätte keine Lebendigkeit. Wir wachsen an Widerständen, können uns daran reiben und gestalten an ihnen unsere Persönlichkeit. Würde dieses Feuer wegfallen, wäre alles im Leben nur milde, würde wohl das Leben eine beige Einheitsfarbe annehmen und Langeweile sich ausbreiten. So ergänzen sich Schärfe und Milde wie die Süße und das Bittere.

Auch die nächste Geschmacksrichtung, das *Salzige*, will im Leben zum Tragen kommen.

Ihr seid das Salz der Erde, sagte Jesus einmal zu seinen Jüngern.

Vom Salz braucht man keine großen Mengen, damit die Suppe würzig wird. So gilt es auch für uns: Das Leben drückt sich in uns nicht durch übermenschliche Werke aus. Wenn wir glauben, unser Sein hätte für die Welt nur in großen Taten eine Bedeutung, nehmen wir die Wirklichkeit nicht wahr. Das Leben eint uns alle. Durch das Leben sind wir mit allen Formen verbunden, und seien sie noch so verschieden. Wir sind wie ein großes Netz. Jede Masche dieses großen Netzes beeinflusst das ganze Netz. Jede Form ist in jedem Augenblick entscheidend. Davon erzählt eine schöne Geschichte, die der Sinologe Richard Wilhelm überliefert hat:

Ein Dorf litt unter langer Trockenheit, und bei den Menschen wuchs die Angst, die Ernte könne zerstört werden. So baten die Dorfbewohner einen Regenmacher um Hilfe. Der Regenmacher ging erst durch das Dorf und baute sich dann am Rande des Dorfes eine kleine Hütte. Und verschwand darin. Nach drei Tagen begann es zu regnen. Erfreut kamen die

Dorfbewohner zu ihm gelaufen: »Wie hast du dies erreicht? Was hast du gemacht?«, riefen sie. »Als ich kam, sah ich, wie ihr in Unordnung wart, daraufhin baute ich die Hütte und brachte mich in Ordnung. Damit kamt ihr in Ordnung, und nachdem ihr in Ordnung wart, kam die Natur in Ordnung«, antwortete der Regenmacher.

Neben den Geschmacksrichtungen süß, bitter, scharf, mild und salzig gibt es noch *sauer*. Sauer macht lustig, heißt es in einem Sprichwort. Saures überrascht uns und lässt uns unser Gesicht verziehen. Sauer ruft nach Humor und kann durch ein Lachen neutralisiert werden. Wenn Saures uns überrascht, ist es hilfreich, es durch Lachen aufzulösen, dann verflüchtigt es sich. Staut sich Saures in uns auf, kann es leicht dazu kommen, dass wir im wahrsten Sinn des Wortes sauer werden. Es gibt immer Erlebnisse, die wir als ärgerlich erleben, die uns sauer machen, weil es eben anders läuft, als wir es uns vorstellten. Ein kleines Lächeln, ein erlösendes Lachen nimmt dem Sauren die Schwere und verwandelt es in Leichtigkeit.

Süß, bitter, scharf, mild, salzig, sauer – diese Geschmacksrichtungen geben einem Gericht, geben unserem Leben seine Vollmundigkeit.

Dann gibt es auch noch die *Konsistenz* des Gerichts. Die unterschiedlichen Formen des Lebens ergänzen sich, seien sie nun weich oder hart, groß oder klein, flüssig oder fest.

Wie wichtig ist es doch, sich zwischen diesen Polen zu bewegen. So wie das Wasser, das je nach Bedingung eine andere Konsistenz annimmt als Eis, als Flüssigkeit, als Dampf, so verwandelt sich das Leben auch in uns. Manchmal muss es weich sein, dann wieder setzt es hart seine Kraft ein. Manchmal breitet es sich in seiner Größe aus, dann zieht es sich auf das Kleinste zusammen. Manchmal ist das Leben so zart wie der Wasserdunst, dann aber auch wieder so starr wie Eis.

Nie ist das Leben für immer in eine Form gesperrt. Es wandelt sich unentwegt. Und wir sind Ausdruck dieses Lebens. Daher können auch wir uns nicht durch eine Konsistenz definieren, uns in ihr einrichten. Das Leben ist auch in uns im Fluss. Es bildet in uns die Geschmacksrichtungen aus und formt sich in uns in unterschiedlicher Konsistenz.

Wir aber haben meist wenig Vertrauen in das Leben selbst, haben dafür jede Menge Bücher mit Lebensrezepten, fühlen uns unsicher, wenn ein Rezept verloren geht, und haben wenig Mut und Zuversicht, ohne Konzepte zu leben. Es ist uns ein so großes Bedürfnis, das Leben verstehen zu wollen, es selbst zu kochen, sodass wir uns immer wieder Vorstellungen zimmern, mit deren Hilfe wir das Leben gestalten wollen. Doch so wie jedes Essen, das wir kochen, uns vor unvorhersehbare Probleme stellen kann, so lässt sich auch das Leben nicht kalkulieren, es entzieht sich unserer Kontrolle und kocht unsere Prinzipien weich, damit wir es genießen können. Das Leben agiert als Koch, heizt uns ein, würzt und kocht sich in uns zu einem Gericht. Diese Erfahrung drückte ein Zen-Schüler mit den Worten aus:

»Auf dem Berg Gotei kocht eine Wolke Reis.«

Ich kann mir vorstellen, dass dieser Mönch, abgeschieden von allen äußeren Einflüssen, Tag und Nacht vor der Wand saß. Widerstände taten sich in ihm auf, Verzweiflung erfasste ihn. Er brauchte alle Kraft, seinen Geist in Schranken zu halten, nicht aufzuspringen, wegzulaufen oder sich nicht durch Träume abzulenken.

Da kommt das Mittagessen. Der Koch bringt den dampfenden Reistopf herein, hebt den Deckel hoch, und eine große Wolke heißen Dampfes entweicht. In dem Moment fällt alle Spannung von unserem Mönch ab. Er wird zu diesem dampfenden Kessel, ist selbst diese dampfende Wolke.

Das klingt verrückt und doch ist es in diesem Moment das Wirklichste, was es überhaupt gibt. Mit Worten kann man es nicht erklären, der Verstand kann es nicht erfassen, nur das Erleben selbst kann es erkennen. Der Zen-Schüler erfährt sich in diesem Augenblick als diese kochende Wolke selbst. Er erlebt, dass die Trennung von einem Ich und einem dampfenden Topf Reis eine Illusion ist. Sein Ich und die dampfende Wolke fallen zusammen. Sie sind eins. Es gibt kein Ich mehr, das die Wolke als Wolke bezeichnet, kein Ich, das weiß, was sie bedeutet. Die Wolke, der Reis, der Kessel verlieren jegliche abgetrennte Substanzialität.

Das Leben selbst zeigt sich in allem.

Wenn wir Zazen üben, reduzieren wir alle unsere Sinneswahrnehmungen auf ein Minimum. Wir versuchen, unserem Ich keine Möglichkeit zu geben, sich mit einem Gedanken oder irgendeiner Form zu identifizieren. Zazen ist die Übung, nur wahrzunehmen, keinem Gedanken den Boden zu geben, sich in Beziehung zu irgendetwas zu setzen, sei es, dass sich unser Ich abgrenzt oder sich mit irgendetwas identifiziert. Es geht um die radikale Annahme dessen, was ist, ohne irgendein noch so verstecktes Wollen oder Nicht-Wollen. In diesem Moment geschieht es. Das Ich löst sich auf, und ich erfahre mich eins mit dem allumfassenden Leben. Ich erfahre mich als Ausdruck des Lebens, erfahre mein wahres Selbst. Diese Erfahrung geschieht nicht im Glashaus. Sie ereignet sich im Tun in jedem Augenblick. Der Augenblick selbst ist das Leben. Jede Facette des Lebens birgt die Unendlichkeit in sich.

Jeder Augenblick schenkt mir daher ein vollkommenes Gericht, in dem alle Geschmäcker vereint sind.

Den Augenblick leben heißt daher, das Leben schmecken und genießen und zugleich das Leben, mein wahres Selbst, selbst sein. Jeder Augenblick bin ich selbst, und zwar in allem, was ich tue, sei es kochen, essen, putzen, reden und so weiter.

Kochen – für wen?

Christof Zirkelbach

Ein Traum

Gestern träumte ich von der Zeit, als ich ein Suppenteller war.
Eigentlich war ich die ganze Küche, aber eben als Suppen-
teller.
Ich lag auf dem Rücken und hatte mich wie eine Blume nach
oben hin geöffnet.
Und ich war weiß, aus reinem porzellanem Weiß.
Licht war noch, viel Licht, überall um mich herum strahlende
Schönheit.
Aber eben als Küche, als Suppenteller.

Wer nur etwas vom Kochen versteht, versteht davon nichts

Ein Essen ist immer in einen Raum und eine Zeit eingebettet, und die Qualität dieser beiden bestimmt auch wesentlich, wie wir unser Essen wahrnehmen. Eine Mahlzeit im Urlaub oder mit guten Freunden kann zu einem unvergesslichen Moment werden. Essen ist immer »einge-schrieben« in den Ablauf unseres Alltags, und seine Qualität hängt davon ab, welchen Wert wir ihm innerhalb dessen schenken. So kann ein perfekt nachgekochtes Rezept am falschen Ort nie die Brillanz und Freude hervorrufen wie vielleicht eine Kartoffel aus dem Lagerfeuer mit den richtigen Freunden. Ein Rezept weiß nichts vom Wetter, vom Gast und dem Anlass des Essens. Es kann nicht mehr als ein Hilfsmittel sein, sonst brächte es uns um das Vergnügen des Augenblicks der Kreation, des Ausprobierens, Schmeckens, Tüftelns oder der Überraschung. Besonderes entsteht nicht durch exotische Gewürze mit komplizierten Handlungsanweisungen und hoch technisierten Küchengeräten. Für uns Kochende ist zuerst die Einstellung zu unserer Arbeit wichtig: Kochen kann ein Vergnügen sein, an dem alle Sinne beteiligt sind und das sowohl mit Großzügigkeit und Sorgfalt, Geselligkeit und Strenge als auch mit Humor und Liebe ausgeübt werden kann. Entscheidend ist dabei immer unser Mitgefühl und Respekt vor denen, die wir bekochen und bewirten. Mein ehemaliger Küchenchef wies uns Lehrlinge immer wieder darauf hin, die Gäste des Restaurants gleichsam wie Gäste unseres eigenen Hauses zu behandeln. Wir sollten uns immer daran erinnern, dass wir Glieder einer Kette sind, die sich vom keimenden Weizenhalm aus der bestellten Erde über alle beteiligten Menschen und deren Arbeitskraft, über das Kochen und Essen bis hin zu unserer Dankbarkeit danach und der anschließenden Verdauung erstreckt.

Kreativität beim Kochen

Im Benediktushof kochen wir für bis zu 180 Gäste. Natürlich haben wir im Küchenteam Grundrezepte und Kreationen erarbeitet, auf die wir uns verlassen und aufbauen können, schon allein um ein gewisses Maß an Planungssicherheit zu haben. Nach einiger Zeit merkte ich jedoch, dass Konzentration und Aufmerksamkeit bei uns nachließen und damit auch die (geistige) ›Frische‹ des Essens. Wir wiederholten die Zubereitung unserer Speisen, ohne dass etwas klarer, ohne dass *wir* etwas klarer wurden. Unsere Arbeit und damit unser Essen bekamen langsam einen ›schalen‹ Beigeschmack. Um das zu ändern, begann ich, häufiger zu improvisieren und mich immer mehr auf den jeweiligen Tag einzulassen: Die Quitten sind reif und riechen wunderbar, so lasse ich sie von meinen Küchenhilfen schon einmal waschen und entkernen. Ob sie dann ein Dressing für den Salat oder ein Chutney zum Schafskäse werden, dem spüre ich beim Kräuterzupfen nach, oder ich bespreche mich mit meinen Kolleginnen und Kollegen. Während des Kochens und

Schmeckens wird dann immer klarer, was heute für uns und unsere Gäste möglich und gut ist. Da fehlt noch etwas Knuspriges, dort findet die Würze der Kräuter ihren Platz, dafür bleibt der Reis heute eher zurückhaltend. Am Ende sitzt die Frische der Quitten wie auf einem Thron, ein Mahl ist entstanden. Natürlich haben wir auch weiterhin unsere Standards, von denen wir wissen, dass sie funktionieren und schmecken. Doch Rezeptierungen bedeuten immer nur einen Annäherungsversuch an das Jetzt. Es bleibt uns dabei nicht erspart, uns immer wieder neu den Dingen zuzuwenden und ihnen das Licht unserer Aufmerksamkeit zu schenken. Lassen Sie Ihre Kreativität aufleuchten, indem Sie dem Moment Rechnung tragen, damit etwas so Alltägliches wie Kochen zu einem Vergnügen werden kann, das Sie jeden Tag immer wieder neu genießen können.

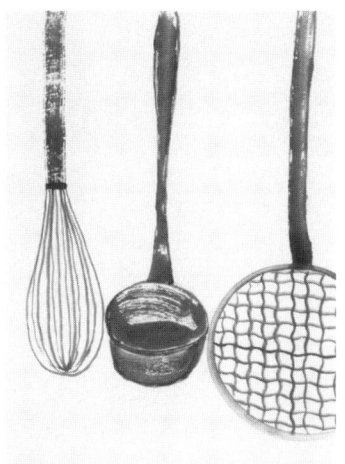

Suppen

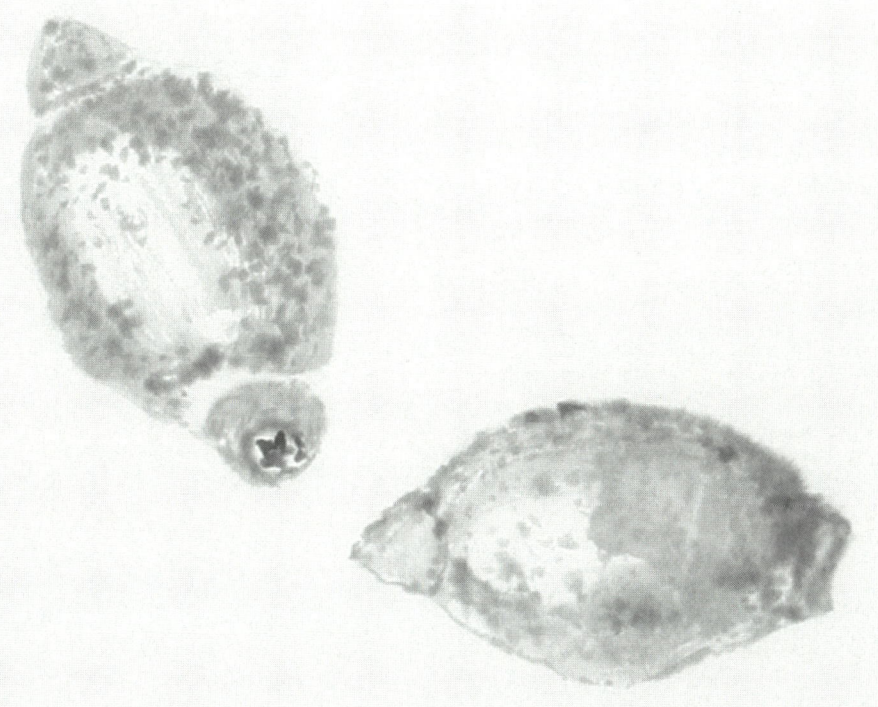

Fenchel-Pfirsich-Suppe

400 g	Fenchelknollen
1	Zwiebel
2 EL	Olivenöl
0,1 l	Noilly Prat (Weinbrand)
3	Pfirsiche
0,8 l	Gemüsebrühe
	Anis
	Salz
	Pfeffer
2	Lorbeerblätter
	Schnittlauch

Die Zwiebel schälen und fein würfeln. Den Fenchel waschen, den Strunk entfernen und in feine Streifen schneiden. Zuerst die Zwiebel mit dem gemahlenen Anis farblos anschwitzen, dann den Fenchel kurz mit anbraten, mit dem Noilly Prat ablöschen. Und gleich mit Gemüsebrühe aufgießen. Die Gewürze zugeben und circa 15 Minuten köcheln lassen. Die Pfirsiche kurz in kochendes Wasser tauchen und die Haut abziehen. Den Kern entfernen und die Pfirsiche in kleine Schnitze schneiden. Die Lorbeerblätter aus der Brühe nehmen und die Pfirsichstücke zugeben, noch einmal aufkochen lassen. Den fein geschnittenen Schnittlauch darüberstreuen, abschmecken.

Karotten-Orangen-Suppe

3–5	mittelgroße Karotten
1	kleine Zwiebel
0,2 l	Orangensaft
0,6 l	Gemüsebrühe
2 EL	Olivenöl
	Salz
	Cayennepfeffer
100 g	Crème Fraîche
1	daumengroße Knolle Ingwer

Karotten, Ingwer und Zwiebel schälen und in feine Würfel schneiden. Die Würfel in Olivenöl farblos anschwitzen und mit Brühe und Orangensaft aufgießen. Salzen, aufkochen und circa 15 Minuten köcheln lassen. Dann pürieren und mit dem Cayennepfeffer und der Crème Fraîche abschmecken.

Rote-Beete-Suppe

0,5 kg	Rote Beete
1	kleine Zwiebel
0,4 l	Apfelsaft oder ein säuerlicher Apfel
0,8 l	Gemüsebrühe
2 EL	Öl
	Salz, Pfeffer
circa 70 g	tafelfertiger Meerrettich
100 g	Sauerrahm
	etwas frische Petersilie
	Balsamico

Rote Beete waschen, schälen und in walnussgroße Stücke schneiden. Zwiebel schälen und würfeln. Das Öl im Topf erhitzen und die Zwiebel glasig anschwitzen. Die Rote Beete zugeben und kurz mit anschwitzen. Mit Apfelsaft und Gemüsebrühe aufgießen, salzen und aufkochen. Circa 30 Minuten köcheln lassen, dann den Meerrettich zugeben und pfeffern, nochmals kurz aufkochen und alles mit dem Pürierstab zerkleinern. Abschmecken, Süße, Säure, Salz und Schärfe überprüfen, mit dem Balsamico evtl. die Säure verfeinern. Konsistenz überprüfen. Petersilie waschen und zupfen, den Sauerrahm glatt rühren und in die angerichtete Suppe träufeln, mit der Petersilie garnieren.

Sellerie-Topinambur-Suppe

400 g	Sellerie
100 g	Topinambur
1	kleine Zwiebel
2 EL	Öl
0,1 l	Weißwein
0,5 l	Gemüsebrühe
0,5 l	Apfelsaft
	etwas Muskat
	Salz
	Pfeffer
50 g	Schlagsahne

Zwiebel schälen und fein würfeln, den Sellerie waschen, schälen, grob würfeln. Den Topinambur waschen und bürsten, fein würfeln. Die Zwiebel und den Topinambur im heißen Öl gut durchbraten, die Selleriewürfel kurz mit anschwitzen. Apfelsaft und Gemüsebrühe zugeben und mit Salz, Pfeffer, Muskat würzen, dann circa 20 Minuten köcheln lassen. Die Sahne zugeben und mit dem Pürierstab zerkleinern. Abschmecken, Konsistenz überprüfen.

Tomaten-Erdnuss-Suppe

700 g	geschälte Dosentomaten
I	Zwiebel
2 EL	Olivenöl
I EL	Tomatenmark
100 g	Erdnussmus
	Salz
	Chili
400 ml	Gemüsebrühe
50 g	Butter

Die Zwiebel schälen und fein würfeln. Im Olivenöl farblos anschwitzen, dann das Tomatenmark kurz mit anschwitzen und die Dosentomaten und die Gemüsebrühe dazugeben. Mit Salz und Chili würzen. Circa 20 Minuten köcheln lassen, das Erdnussmus einrühren und alles zusammen mit dem Pürierstab zerkleinern. Die Butter mit dem Schneebesen einrühren, bis sie ganz zerlaufen ist. Abschmecken, Konsistenz überprüfen.

Zitronen-Parmesan-Suppe

1	Zwiebel
1	Zitrone
3 EL	Olivenöl
0,1 l	Weißwein
100 g	Parmesan
1	gelber Paprika
0,6 l	Gemüsebrühe
	Salz
	Chili
1	geschälte, rohe Kartoffel
100 ml	Sahne
1 Prise	Kurkuma

Die Zwiebel schälen und fein würfeln. Den Paprika klein schneiden und beides im Olivenöl farblos anschwitzen. Mit Weißwein ablöschen und kurz einkochen lassen. Die Gemüsebrühe zugeben, mit Salz, Kurkuma und Chili würzen. Den Abrieb und den Saft einer halben Zitrone mit dem Parmesan zugeben und circa 10 Minuten verkochen. Die Sahne zugeben und alles mit dem Pürierstab zerkleinern. Abschmecken. Die Kartoffel fein reiben und einpürieren, bis die Suppe sämig ist.

Zitronengras-Kokos-Suppe

1 Stange	Zitronengras
1	kleine Knolle Ingwer
4 EL	Olivenöl
1	kleine Zwiebel
	etwas Chili, Salz
400 g	Kokosnusscreme
0,6 l	Gemüsebrühe
0,1 l	Weißwein
	etwas Koriander
1	gekochte, geschälte Kartoffel

Das Zitronengras fein schneiden, den Ingwer und die Zwiebel schälen und ebenfalls fein schneiden. Das Olivenöl in einem Topf erhitzen und Zitronengras, Zwiebel und Ingwer farblos anschwitzen. Mit dem Weißwein ablöschen und kurz einkochen lassen, dann mit der Gemüsebrühe aufgießen, salzen und mit der Kokosnusscreme und dem Chili circa 15 Minuten verkochen. Pürieren und dabei Stücke der gekochten Kartoffel zugeben, bis die Konsistenz sämig wird. Abschmecken. Mit dem gehackten frischen Koriander bestreuen.

4. Kapitel

Jedes Reiskorn ist Buddha

Doris Zölls

*Seppô sagte zu der Mönchsversammlung: »Nehmt ihr die
ganze große Erde in die Hand, ist sie so klein wie dieses
Reiskorn. Werft ihr es vor euch auf den Boden, ist wie bei
einer schwarzen Lackschale nichts zu sehen. Jetzt schlagt die
Trommel! Alle sollen zusammenkommen und es suchen!«*

Dieses Koan aus dem Hekiganroku ist eines der berühmtesten Koans,
denn in ihm kommt die letzte und tiefste Wahrheit des Zen auf wunderbare Weise zum Ausdruck, eine Wahrheit, die in buddhistisch geprägten
Gesellschaften noch immer tief verankert ist.

So erzählte mir eine Dame, die lange Zeit in Japan gelebt hatte, wie
eines Tages ihre Helferin, ihre Putzfrau, ihr voller Entsetzen erzählt
hatte, dass die heutige Jugend Reis wegwerfe. Das sei ganz schlimm,
meinte sie, und dürfe nicht sein, denn jedes Reiskorn sei doch Buddha.
Auch bei mir zu Hause hieß es, Brot dürfe nicht weggeworfen werden.
Dies wurde jedoch nicht damit begründet, dass mit dem Brot Gott weggeworfen werde, sondern dass andere Menschen hungern müssten und
es daher sündhaft sei, Essen einfach wegzuwerfen. Auch wenn die Er-
klärung eine andere war, so steckte auch dahinter das Bewusstsein: Da
werfe ich etwas ganz Entscheidendes weg. Ich werfe Leben weg.

Was aber heißt das? Leben wegwerfen! Was ist Leben überhaupt?

Unsere Gesellschaft versucht immer wieder, das Leben zu definieren.
Da wird gefragt: Ist schon bei der Zeugung Leben da oder erst nach
einigen Tagen oder Wochen? Ist behindertes Leben richtiges Leben?
Wann ist ein Mensch wirklich tot? Dürfen seine Organe einfach ent-
nommen werden? Was bedeutet das Leben von Tieren oder Pflanzen?

Ist es weniger wert als das Leben der Menschen? Kann man von Leben nur sprechen, wenn Bewusstsein, wenn Intelligenz da ist? Fragen über Fragen, die von dem Versuch zeugen, das Leben mit dem Verstand zu erfassen und es zu kategorisieren.

Wie einfach ist es im Gegensatz dazu im Zen. Da gibt es keine Unterschiede. Alle Formen sind gleichermaßen Ausdruck des Lebens. Das Leben gestaltet sich in unendlichen Formen, und jede Form ist Ausdruck des Lebens, ob Stein oder Pflanze, Tier oder Mensch.

Sind alle Konzepte und Vorstellungen, wie etwas zu sein hat, von uns abgefallen, dann erfahren wir dieses eine Leben »als uns selbst«. Lassen wir unseren diskursiven Geist zurücktreten und gehen in die reine Wahrnehmung, erleben wir es als uns selbst in allen Formen, erleben wir die Ganzheit allen Seins, sogar in einem noch so kleinen Reiskorn.

Alles ist Ausdruck der einen Wirklichkeit.

Da gibt es keinen Unterschied. Da kann ich nicht sagen, das Große ist mehr Leben als das Kleine, das Intelligente ist mehr Leben als das Unbewusste. Das Junge ist mehr Leben als das Alte. Alles ist gleichermaßen Ausdruck des Lebens.

Sehr schön können wir dies von kleinen Kindern lernen, deren bewertender Geist noch nicht erwacht ist. Geht man mit einem kleinen Kind in den Tierpark, dann ist man vielleicht selbst sehr begeistert davon, welch großartige Tiere man dem kleinen Kind zeigen kann: Elefanten, Bären, Tiger und was es noch alles zu sehen gibt, doch das Kind bleibt möglicherweise bereits kurz hinter dem Eingang stehen, bückt sich und beobachtet eine Ameise, die eine Tannennadel schleppt. Und ist nur schwer zu bewegen, weiterzugehen und die »richtigen« Tiere anzuschauen. Auch das Argument, Ameisen könne man ja auch im eigenen Garten anschauen und dafür habe man doch keinen Eintritt bezahlt, wird das Kind vermutlich nicht besonders beeindrucken. Im Kind ist das unterscheidende Denken, dass dieses besser und wichtiger sei als jenes, noch nicht ausgebildet. Daher kann es sich noch weit mehr als wir auf den Augenblick einlassen – das Leben erleben.

Wenn Seppô zu seinen Mönchen sagt: »Nehmt ihr die ganze große Erde in die Hand, ist sie so klein wie dieses Reiskorn«, dann spricht er von dieser Erfahrung und sagt: Werdet euch bewusst, egal, was ihr seht, und wenn es auch nur ein unscheinbares, kleines Reiskorn ist, auf das es ja gar nicht anzukommen scheint, dann ist dies die ganze Welt. Dies ist keine Aussage, die man zu glauben hat, sondern sie ist zu erfahren. Und diese Erfahrung ereignet sich unmittelbar im Tun. Das heißt nicht, wir erfahren das Reiskorn als das ganze Universum und gehen dann hinfort mit dem Reiskorn sorgfältig um. So funktioniert das nicht, bereits das achtsame, bewusste Tun ist die Erfahrung. Die Erfahrung kommt nicht vor dem Tun oder nach dem Tun, sie ist das Tun selbst.

Daher ist unsere Übung Erfahrung – und damit leben wir immer schon Erleuchtung. Auch wenn wir uns dessen nicht bewusst sind, wir tun es einfach, und vielleicht wird es uns eines Tages bewusst.

Das Leben lebt sich, so wie der Ozean sich in unendlichen Wellen lebt.

Als Menschen haben wir die Fähigkeit, uns dessen bewusst zu werden. Wir werden nicht nur unbewusst gelebt, sondern können diesen Prozess wach miterleben und bewusst mitgehen. Und je bewusster und wacher wir sind, desto mehr erkennen wir uns als Ausdruck des Lebens. Genpo Roshi sagte einmal: Das Leben gleicht einem Zug. Es lebt sich, doch es geht darum, ob wir im Schlafwagen mitfahren, immer mit heruntergelassenen Rollos, oder ob wir sie hochziehen und die Welt erkennen.

Bleiben wir unbewusst, können wir das Leben nicht erkennen.

Seppô illustriert das mit dem Bild einer schwarzen Lackschale. Sie ist so schwarz, dass das Innere nicht zu erkennen ist. Das ist ein wunderbares Bild. Auch wenn wir das Reiskorn wegwerfen, das heißt, das Leben nicht wahrnehmen, können wir das Leben letztlich nicht wegwerfen, es ist immer da, wir erkennen es nur nicht. Unbewusstes Tun lässt das Leben in Dunkelheit wie in einer schwarzen Schale versinken.

Erst in der Bewusstheit, in der Achtsamkeit, erleben wir, dass alles Ausdruck des Lebens ist.

Achtsamkeit oder Bewusstheit ist kein künstliches, maniertiertes Verhalten, sie ist gelebte Ehrfurcht, sie ist gelebtes Mitgefühl, das allen Lebewesen bis hin zum Reiskorn entgegengebracht wird. Ob klein oder groß, hässlich oder schön, wertvoll oder billig, gut oder schlecht, diese Gegensätze spielen sich nur in unserem Kopf ab. Sie haben keine Entsprechung in der Wirklichkeit.

Das ist die Essenz des Zen.

Das ist die Ethik des Zen.

Nachdem Seppô dies seinen Mönchen klarzumachen versucht hatte, sagte er: »Jetzt schlagt die Trommel! Alle sollen zusammenkommen und das Reiskorn suchen!« Die Trommel wird im Kloster immer dann geschlagen, wenn zur Arbeitszeit gerufen wird.

Das Reiskorn zu suchen heißt, das Leben, das eigene Selbst, zu realisieren, ganz und gar der Augenblick zu sein. Dann schneide ich nicht das Gemüse, weil …, sondern ich bin das Schneiden. Ich knete nicht den Brotteig, um zu …, sondern ich bin das Kneten. Ich decke nicht den Tisch, damit …, sondern ich bin einfach dieses Tischdecken.

Alles Tun ist es bereits.

Kein Um-zu, kein Weshalb, einfach nur dies.

Wenn ich das Wasser schöpfe,
ist der Mond in meiner Hand.
Wenn ich eine Blume pflücke,
ist mein Gewand voll Duft.

Reichtum und Vielfalt

Christof Zirkelbach

Neu kombiniert!

Geschickte Kombinationen werten ein Mahl auf und bieten überraschende, ganz außergewöhnliche Geschmackserlebnisse. Kombinationen wie Wurst mit Senf, Tomate mit Mozzarella oder noch einfacher

Butter und Brot sind wohlbekannt. Kombinationen, die seit Jahrzehnten funktionieren und über die wir gar nicht mehr nachdenken. Sie bestehen aus einfachen Komponenten wie süß – scharf oder bitter – würzig. Probieren Sie doch einfach mal aus, einen Ketchup aus Bananen herzustellen oder ein Chutney aus Kiwis. Kochen Sie ein Chutney, wie Sie es gewohnt sind oder wie Sie es in einem Kochbuch finden, und lassen Sie sich beim Abschmecken vom Geschmacksträger Kiwi leiten. Ein Pesto muss nicht zwangsläufig aus Basilikum hergestellt werden. Probieren Sie es mit Mohn oder gerösteten Kürbiskernen. Die Süße der Banane kombiniert mit der Frische der Petersilie ergibt auch ein wunderbares Dressing. Wenn Sie Nudeln in Rotwein kochen und dann in einer Mandelbutter anbraten, lassen sich daraus für Sie und Ihre Gäste ganz neue Geschmacksvarianten gewinnen. Es geht hier nicht um die sonderbarsten und ausgefallensten Rezepte, sondern darum, dass wir uns Reichtum und Vielfalt unserer Nahrung zu unserer eigenen Freude immer wieder aufs Neue erschließen.

Über das achtsame Essen

Ursula Richard

Das Kochen ist Teil der Übung im Zen, aber natürlich das Essen auch. Das ganz alltägliche Leben ist die Übung, nichts ist davon ausgenommen. Im Zen-Geist zu essen bedeutet in erster Linie, achtsam zu essen, achtsam und mit einem wachen, nicht-wertenden, nicht-urteilenden Geist.

Achtsam zu essen sagt etwas aus über den Geisteszustand, in dem wir essen, es sagt nichts aus über das Tempo. Je langsamer wir essen, desto detaillierter können wir aber wahrnehmen, was genau bei diesem Vorgang geschieht. In manchen spirituellen Traditionen wird der Essensprozess extrem verlangsamt, um das Kauen, Schmecken und Schlucken in allen Einzelheiten erfahrbar zu machen und es in dieser »Vergrößerung« mit der Achtsamkeit zu begleiten. In vielen japanischen Klöstern wird dagegen extrem schnell gegessen. Aber wenn man einmal Gelegenheit hat, die Mönche und Nonnen dabei zu beobachten, wird man feststellen können, dass auch dies ein sehr achtsames Essen sein kann. Ein hohes Tempo erfordert, den Geist mit aller wachen Aufmerksamkeit bei diesem Vorgang zu halten, sodass kein Gedanke mehr dazwischenpasst. (Ob ein solch schnelles Essen so gesund ist, ist eine ganz andere Frage.)

In unserem Alltag essen wir oft als ›gespaltene‹ Menschen. Unser Körper öffnet den Mund, unsere Hand schiebt etwas hinein, im Mundbereich bildet sich Speichel, die Kiefer kauen und das Essen wird heruntergeschluckt, der Magen nimmt das so Gekaute auf und so weiter. All das geschieht nahezu automatisch, unbewusst. Unser Geist dagegen springt gedanklich entweder von einem zum anderen, oder er ist absorbiert von Grübeleien über Vergangenes oder Zukünftiges, ›gedankenverloren‹ stochern wir im Essen herum oder schlingen es hinunter. Der vietnamesische Zen-Meister Thich Nhat Hanh spricht davon, dass wir häufig, statt uns an den tatsächlichen Speisen zu erfreuen und sie zu genießen, nur unsere Sorgen, unseren Ärger und unsere Probleme essen.

Im achtsamen Essen heben wir diese Spaltung auf und verankern uns mit unserem Geist da, wo unser Körper immer schon ist – in der Gegenwart, in dem, was wir tun. Und nur dann können wir das Essen wirklich genießen, denn nur dann nehmen wir wahr, was wir sehen, riechen und schmecken.

Im Benediktushof wird weder extrem schnell noch extrem langsam gegessen, aber es wird im Allgemeinen schweigend gegessen. Das Schweigen – auch wenn es für manche zunächst ungewohnt ist oder sie sich unbehaglich fühlen, mit Menschen still und ohne Konversation an einem Tisch zu sitzen – ist eine große Hilfe, achtsam zu essen, mitzubekommen, wenn der Geist wieder woanders hinwandert, und ihn dann in die Gegenwart – zum Heben der Gabel oder dem Öffnen des Mundes – zurückzuholen. Das Schweigen ist ebenso wie ein langsames Tempo keine notwendige Bedingung für achtsames Essen, sondern nur eine, wenn auch äußerst hilfreiche Unterstützung, eine ebensolche wie die, nur immer eine Sache auf einmal zu tun.

Eines Tages sah ein Zen-Schüler Meister Seung Sahn frühstücken und gleichzeitig Zeitung lesen. Das machte ihm schwer zu schaffen, denn in den Zen-Unterweisungen heißt es: »Wenn du liest, dann lies nur. Wenn du isst, dann iss nur.« Er fragte Seung Sahn, warum er sich nicht an diese Unterweisung halte, worauf dieser erwiderte: »Wenn du isst und liest, dann iss und lies nur.«[3]

Auf das achtsame Essen können Sie sich gut einstimmen, wenn Sie zunächst das, was Sie auf dem Teller vor sich haben, bewusst betrachten. Werden Sie gewahr, wie viele Menschen durch ihre Arbeit daran mitgewirkt haben, damit Sie nun diese Mahlzeit zu sich nehmen können. Wie viele Lebensformen direkt und indirekt daran beteiligt waren. Diese Betrachtung können Sie natürlich durch einen passenden Text, den Sie rezitieren, oder ein Gebet, das Sie sprechen, unterstützen (siehe Kapitel 6).

Nehmen Sie wahr, wie Sie dann mit der Gabel oder dem Löffel etwas von der Speise aufnehmen, zu Ihrem geöffneten Mund führen, auf die Zunge legen und dann zu kauen beginnen. Solange Sie an dem Bissen kauen, sollten Sie nichts anderes tun als kauen, also nicht bereits wieder mit der Gabel vom Teller den nächsten Bissen aufnehmen wollen. Kauen und schmecken Sie einfach nur. Wenn Sie den Bissen heruntergeschluckt haben, nehmen Sie mit der Gabel einen neuen auf, den Sie dann achtsam zum Mund führen und so weiter. Nehmen Sie auch Ihre Gedanken und Empfindungen wahr: Ihre (schnellen) Urteile über das Essen; die Gier, die vielleicht in Ihnen aufsteigt, wenn Sie das Gefühl haben, dass Ihnen etwas besonders gut schmeckt und Sie mehr davon wollen, aber möglicherweise nicht mehr genug da ist, oder Ärger und Wut, wenn andere sich in Ihren Augen zu viel nehmen, und so weiter.

Sich und die eigenen Reaktionen beim Essen einmal genauer wahrzunehmen, mit einem nicht-wertenden, nicht-urteilenden Blick, ist ein wirklich interessantes Studienfeld, bei dem wir sehr viel über uns selbst erfahren können, zumal das Essen ein Bereich ist, in dem wir unserer ›archaischen‹ wie unserer »zivilisierten, domestizierten« Natur gleichermaßen begegnen. Bleiben Sie aber nicht in diesen Beobachtungen stecken oder spinnen Sie sie gedanklich weiter, sondern kehren Sie immer wieder mit Ihrer Achtsamkeit zum Vorgang des Essens zurück, zum Geschehen selbst. Am Ende des Essens, wenn der letzte Bissen heruntergeschluckt ist, können Sie noch einmal nachspüren und registrieren, ob Sie sich nun noch hungrig oder gut gesättigt fühlen, müde oder gekräftigt, schwer oder energiegeladen. Die abschließende Rezitation eines kurzen Textes oder eines Gebetes kann noch einmal die wunderbare und nicht selbstverständliche Tatsache ins Bewusstsein heben, dass Sie sich satt essen konnten, dass daran der ganze Kosmos beteiligt war und dass Sie sich nun gestärkt anderen Dingen zuwenden können.

Haupt-
gerichte

Asiatische Gemüsepfanne mit Kokosreis und süßsaurer Soße

FÜR DIE GEMÜSEPFANNE

1 Stange	Zitronengras
2	Karotten
1	gelbe Paprikaschote
1 Stange	Lauch
200 g	Austernpilze
200 g	Sojasprossen
4 EL	Sonnenblumenöl
1 Schuss	Sesamöl
3 EL	Sojasauce
	Salz
	Pfeffer

FÜR DEN KOKOSREIS

200 g	Langkornreis
50 g	Wildreis
100 g	Kokosmilch
	Salz

FÜR DIE SÜSSSAURE SOSSE

1	daumengroße Knolle Ingwer
1	grüner Paprika
4 EL	Olivenöl
200 g	Ananas aus der Dose
400 ml	Ketchup
	Salz
	Chili

Das Zitronengras der Länge nach vierteln und in möglichst kleine Stücke schneiden. Die Karotten waschen, schaben und gleichmäßige Stifte herstellen. Den Lauch halbieren, waschen und in Streifen schneiden. Den Paprika waschen, halbieren und das Kerngehäuse entfernen, ebenfalls in Streifen schneiden. Den Strunk der

Austernpilze entfernen und in grobe Streifen schneiden. Die Sojasprossen waschen. Karotten und Zitronengras mit dem Sonnenblumenöl und den Karotten in einer großen Pfanne oder einem Wok scharf anbraten, den Paprika und die Pilze zugeben und weiterbraten. Lauch und Sprossen zugeben und mit dem Sesamöl und der Sojasauce durchschwenken. Mit Salz und Chili abschmecken.

Für den Reis erst den Wildreis ohne Salz mit der vierfachen Wassermenge circa 40 Minuten kochen, dann abgießen. Den Langkornreis mit der anderthalbfachen Menge circa 15 Minuten im Salzwasser kochen und dann den Wildreis und die Kokosmilch zugeben. Noch circa 5 Minuten weitergaren.

Für die süßsaure Soße den Ingwer schälen und fein schneiden. Den Paprika waschen, Kerngehäuse entfernen und in sehr feine Würfel schneiden. Beides zusammen im Olivenöl farblos anschwitzen. Ananas zufügen und mit dem Saft aufgießen, kurz aufkochen lassen. Mit dem Pürierstab zerkleinern und Ketchup zugeben, bis eine sämige Soße entsteht. Mit Salz und Chili abschmecken.

Auberginenstrudel mit Tomatensoße und Fenchel-Olivengemüse

FÜR DEN STRUDEL

400 g	Kartoffeln
400 g	Auberginen
1	Zwiebel
	Olivenöl
4 TK	Blätterteigplatten von circa 12x18 cm Größe
circa 5 Zweige	Thymian
100 g	Crème Fraîche
1	Ei
	Salz
	Pfeffer

FÜR DIE TOMATENSOSSE

500 g	passierte Tomaten
1	Zwiebel
1 Zehe	Knoblauch
0,1 l	Gemüsebrühe
	Olivenöl
50 g	Butter
	Salz
	Pfeffer

FÜR DAS FENCHELGEMÜSE

4	Fenchelknollen
100 g	schwarze Oliven
	Abrieb und Saft von einer Orange
	Salz
	Pfeffer
	Chili
	Olivenöl

Auberginenstrudel: Die Kartoffeln waschen und in Salzwasser gar kochen, schälen und durch die Kartoffelpresse drücken. Die Auberginen waschen und in feine Würfel schneiden, salzen und im Ofen 15 Minuten bei 180 Grad vorgaren. Die Zwiebel schälen und fein schneiden. Den Thymian waschen und vom Stiel zupfen. Dann in einer Pfanne Zwiebel und Thymian im Olivenöl anschwitzen, die Auberginen zugeben und durchgaren. Mit der Crème Fraîche zu den Kartoffeln geben. Die Masse mit Salz und Pfeffer abschmecken. Den Blätterteig auf einer bemehlten Unterlage ausrollen und die Masse auf das untere Drittel der Blätterteigplatte auftragen. Das Ei mit der Gabel aufschlagen und den oberen Rand mit dem Vollei bepinseln. Mit einer Palette (ein spachtelartiges Werkzeug mit breiter stumpfer Klinge) die Blätterteig-platte anheben und einrollen. Die Enden einschlagen und gut verschließen. Mit dem Rest des Volleis den Strudel bestreichen und auf ein Backblech mit Backpapier heben. Bei 180 Grad circa 30 Minuten backen.

Tomatensoße: Die Zwiebel und den Knoblauch schälen, fein schneiden und in Olivenöl farblos anschwitzen. Die passierten Tomaten zugeben, mit Salz und Pfeffer würzen und circa 20 Minuten köcheln lassen. Dann pürieren, die Butter einrühren und mit Chili abschmecken. Mit der Gemüsebrühe die Konsistenz austarieren.

Fenchel-Olivengemüse: Den Fenchel waschen und in feine Streifen schneiden. Circa 12 Minuten dünsten, das Wasser abgießen. Die Oliven vierteln und zugeben sowie den Saft und Abrieb der Orange. Mit Salz, Pfeffer und Öl abschmecken.

Chili con Tofu mit Röstpolenta und Rucola-Dip

FÜR DAS CHILI

200 g	getrocknete rote Nierenbohnen
3	Paprika
1	Zwiebel
1	Knoblauchzehe
300 g	Räuchertofu
1 EL	Paprika, Salz, Pfeffer, Chili, Kreuzkümmel gemahlen
1 EL	Tomatenmark
	Olivenöl
500 ml	Brühe

FÜR DIE POLENTA

150 g	Maisgrieß
500 ml	Gemüsebrühe
1	Ei
	etwas Butter

FÜR DEN DIP

1 Bund	Rucola
100 g	Crème Fraîche
	Salz
	Pfeffer

Chili: Bohnen über Nacht einweichen. Zwiebel und Knoblauch schälen und fein schneiden und im Olivenöl farblos anschwitzen. Die Gewürze und das Tomatenmark kurz mit anschwitzen und mit der Brühe aufgießen. Mit dem Zauberstab alles fein pürieren, dann die Bohnen dazugeben und sie circa 30 Minuten gar kochen. Die Paprika waschen und würfeln und zum Eintopf geben. Den Tofu würfeln, ebenfalls dazugeben und noch circa 5 Minuten weitergaren. Mit Salz, Pfeffer und Chili abschmecken.

Polenta: Die Gemüsebrühe aufkochen und den Maisgrieß mit einem Schneebesen in die kochende Brühe einrühren. Bei geringer Hitze den Maisgrieß circa 5 Minuten mit einem Kochlöffel rühren, bis er ganz ausgequollen ist. Dann das Ei einrühren, mit Salz abschmecken. Die Polentamasse in eine gebutterte Auflaufform streichen und im Ofen circa 30 Minuten bei 180 Grad backen, bis sie richtig trocken und mürbe ist.

Dip: Den Rucola waschen und fein schneiden. Mit dem Pürierstab Crème Fraîche, Salz, Pfeffer und Rucola vermengen, abschmecken.

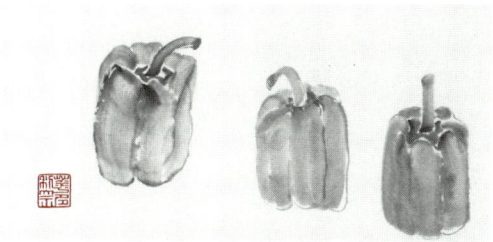

Feta-Polenta mit Birnen-Tomaten-Chutney und Blattsalat

FÜR DEN FETA

600 g	Feta
1	Birne
1	Schalotte
50 g	getrocknete Tomaten
1 TL	Tomatenmark
1 EL	Pflanzenöl
	Salz
	Pfeffer
	heller Balsamico
	Zucker
	evtl. etwas Apfelsaft

FÜR DIE POLENTA

400 ml	Milch
400 ml	Gemüsebrühe
200 g	Maisgrieß
1	Ei
20 g	Butter
	Salz
	Pfeffer
	Muskat

FÜR DEN BLATTSALAT
1 Kopf	Blattsalat
100 ml	Apfelsaft
2 EL	Weinessig
5 EL	Pflanzenöl
1 TL	mittelscharfer Senf
	Salz
	Pfeffer
	Zucker

Feta und Chutney: Den Feta in vier gleich große Stücke schneiden. Die Birne schälen und in circa ½ cm große Würfel schneiden. Die Schalotte in feine Würfel schneiden und die Tomaten klein schneiden. Die Schalotte im Pflanzenöl anschwitzen. Das Tomatenmark zugeben und etwas anrösten. Die Birnen und Tomaten zugeben und einige Minuten mitschwitzen. Evtl. mit etwas Apfelsaft ablöschen und einkochen. Mit Salz, Pfeffer, Zucker und hellem Balsamico abschmecken.

Das Chutney auf den Käse heben und circa 20 Minuten bei 160 Grad Umluft backen.

Polenta: Die Milch zusammen mit der Gemüsebrühe aufkochen und mit den Gewürzen kräftig abschmecken. Den Maisgrieß einrühren und 10 Minuten quellen lassen. Die Masse etwas abkühlen lassen, anschließend das Ei und die Butter unterheben. Nochmals abschmecken. Die Masse in eine gebutterte Auflaufform geben und circa 30 Minuten bei 160 Grad backen.

Salat: Den Senf mit dem Apfelsaft verrühren. Das Öl mit dem Pürierstab langsam zugeben. Mit Salz, Pfeffer und Zucker abschmecken.

Gnocchi in Salbeibutter mit Ratatouille

FÜR DIE GNOCCHI

1 kg	mehlig kochende Kartoffeln
200 g	Mehl (Type 450)
2	Eier
	Salz
	Muskat
1 EL	Kartoffelmehl

FÜR DIE SALBEIBUTTER

1 Bund	Salbei
100 g	Butter
	Salz
	etwas Parmesan

FÜR DAS RATATOUILLE

1	roter Paprika
1	gelber Paprika
circa 350 g	Zucchini
circa 500 g	Aubergine
2 Zehen	Knoblauch
6 EL	Olivenöl
	Salz
	Pfeffer
100 ml	Tomatensaft

Gnocchi: Die Kartoffeln waschen, in der Schale gar kochen, abgießen und pellen. Anschließend durch die Kartoffelpresse drücken. Das Mehl, eine Prise Muskat, das Kartoffelmehl und die 2 Eier zugeben und zügig zu einer homogenen Masse vermengen. Die noch warme Gnocchimasse auf einer bemehlten Unterlage zu mehreren circa 3 cm großen Rollen formen. Mit dem Messer circa 2 cm breite Stücke abschneiden. Die Gnocchi dann in kochendes Salzwasser geben. Sind die Gnocchi nach oben gekommen, noch circa 5 Minuten ziehen lassen, mit der Schaumkelle herausnehmen und abtropfen lassen.

Salbeibutter: Den Salbei waschen, von den Stielen zupfen und in Streifen schneiden. Die Butter in einer Pfanne zerlassen, etwas Salz zugeben und die Gnocchi darin anschwenken. Den Salbei dazugeben und mit durchschwenken. Mit dem Parmesan bestreuen.

Ratatouille: Die Auberginen waschen, in 2 cm große Würfel schneiden, salzen und im Ofen bei 180 Grad circa 15 Minuten garen. Den Paprika und die Zucchini waschen, in grobe Stücke schneiden. Den Knoblauch schälen und fein schneiden. Paprika und Knoblauch im Olivenöl farblos anschwitzen, die Auberginen zugeben und circa 5 Minuten weitergaren, dann die Zucchini zugeben und nur kurz weitergaren, damit die Auberginen- und Zucchinistücke bissfest bleiben. Mit Salz und Pfeffer würzen und mit dem Tomatensaft abschmecken.

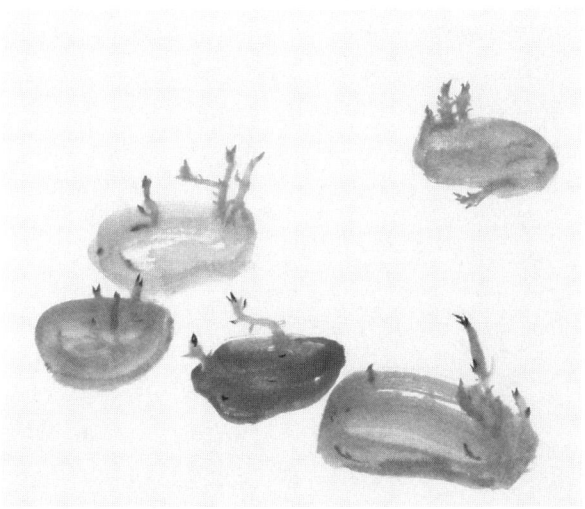

Haselnussbratlinge mit Lauch-
Apfel-Gemüse und Meerrettichsoße

FÜR DIE BRATLINGE

130 g	getrocknetes Vollkornbrot
130 g	geriebener Käse
1	Zwiebel
100 g	gemahlene Haselnüsse
	Wasser
	Salz
	Pfeffer
	gekörnte Gemüsebrühe
	Majoran
	Piment
	Sojasoße

FÜR DAS LAUCH-APFEL-GEMÜSE

400 g	Lauch
1	kleine Zwiebel
1	Apfel
1 Schuss	Apfelsaft oder Weißwein
	Salz
	Pfeffer
	Zucker
1 EL	Pflanzenöl

FÜR DIE MEERRETTICHSOSSE

1	kleine Zwiebel
4 EL	Butter
4 EL	Mehl
500 ml	Brühe
6 EL	Tafelmeerrettich
1 TL	Zitronensaft
125 ml	Sahne

Bratlinge: Das Brot grob raspeln. Die Zwiebel in Würfel schneiden. Alle Zutaten mischen. So viel Wasser zugeben, bis sich die Masse gut formen lässt. Etwas quellen lassen. Mit den Gewürzen und der Sojasoße kräftig abschmecken. Bratlinge formen und auf ein gefettetes Blech legen. Bei 200 Grad im Ofen circa 30 Minuten backen.

Lauch-Apfelgemüse: Den Lauch der Länge nach halbieren. Anschließend waschen und in circa ½ cm dicke Streifen schneiden. Den Apfel vierteln, das Kerngehäuse entfernen und in dünne Spalten schneiden. Die Zwiebel in feine Würfel schneiden und im Öl anschwitzen. Den Lauch zugeben. Mit etwas Apfelsaft oder Weißwein ablöschen. Bissfest garen. Den Apfel zugeben. Mit Salz, Pfeffer und Zucker abschmecken.

Meerrettichsoße: Die Zwiebel in feine Würfel schneiden. Die Butter erhitzen und die Zwiebel darin glasig dünsten. Mit Mehl bestäuben und unter Rühren hellgelb werden lassen. Nach und nach die Brühe einfließen lassen und circa 10 Minuten bei kleiner Hitze köcheln lassen. Den Meerrettich und den Zitronensaft zugeben und die Soße mit dem Pürierstab sämig rühren. Zuletzt die Sahne unterrühren. Mit Salz, Pfeffer und Zucker abschmecken.

Manouri mit Walnusskruste, Apfelrotkohl und Bouillonkartoffeln

FÜR DEN MANOURI

600 g	Manouri
50 g	Walnüsse
50 g	Butter

FÜR DEN APFELROTKOHL

1	Rotkohl
1	Apfel
1	Zwiebel
2 EL	Pflanzenöl
300 ml	Apfelsaft
	Salz
	Pfeffer
	Zucker
	Lorbeer
	Nelke
	Zimt
	Piment
	Aceto Balsamico

FÜR DIE BOUILLONKARTOFFELN

600 g	Kartoffeln
½	Karotte
¼	Sellerie
1 l	Gemüsebrühe
1	Schalotte
1	Knoblauchzehe
20 g	Butter
2 EL	gehackte Petersilie
	Salz
	Pfeffer
	Muskat

Manouri: Den Käse in Scheiben schneiden. Die Walnüsse auf einem Blech für
5 Minuten bei 200 Grad anrösten und anschließend fein hacken. Die Nüsse unter
die weiche Butter heben. Die Walnussbutter auf den Käse streichen und circa
20 Minuten bei 160 Grad backen.

Apfelrotkohl: Den Kohl vierteln, den Strunk entfernen und in dünne Streifen
schneiden. Die Zwiebel in kleine Würfel schneiden und im Öl anschwitzen.
Den Rotkohl zugeben und mitschwitzen lassen. Mit dem Apfelsaft ablöschen
(gegebenenfalls wiederholt Wasser nachgießen, damit der Kohl nicht anbrennt).
Den Apfel achteln, das Kerngehäuse entfernen und zugeben. Zimt, Lorbeer, Piment
und Nelken in ein Teesieb geben und mit dem Kohl circa 30 Minuten kochen.
Ist der Rotkohl weich, mit Salz, Pfeffer, Zucker und Aceto Balsamico abschmecken.

Bouillonkartoffeln: Das Gemüse in circa 1 cm große Stücke schneiden. Zwiebel
und Knoblauch in feine Würfel schneiden und in der Butter anschwitzen. Gemüse-
würfel zugeben. Die Brühe aufgießen und 15 bis 20 Minuten weich kochen.
Mit Salz, Pfeffer und Muskat abschmecken. Mit Petersilie bestreuen.

Nudeln mit Champignon-Walnuss-Avocado-Gemüse und Tomatensalat

FÜR DIE NUDELN

400 g	Nudeln
300 g	weiße Champignons
150 g	Knollensellerie
1	kleine Zwiebel
4 EL	Olivenöl
50 g	gehackte Walnüsse
1	Avocado
0,1 l	Weißwein
250 ml	Sahne
	Salz
	Pfeffer

FÜR DEN TOMATENSALAT

500 g	Tomaten
50 g	getrocknete Tomaten
2 EL	Olivenöl
1 EL	Balsamico weiß
	Salz
	Pfeffer

Nudeln: Die Nudeln in ausreichend Salzwasser gar kochen. Die Zwiebel schälen und in feine Würfel schneiden. Den Sellerie waschen, schälen und ebenfalls in feine Würfel schneiden. Die Pilze putzen und in Streifen schneiden. Die Avocado schälen und grob würfeln. Zuerst die Zwiebeln mit den Walnüssen und dem Sellerie im Öl farblos anschwitzen. Mit dem Weißwein ablöschen, kurz einkochen. Die Pilze zugeben und circa 5 Minuten weiter anschwitzen. Dann die Sahne aufgießen, mit Salz und Pfeffer würzen und circa 10 Minuten köcheln lassen. Zum Schluss die Avocadostückchen zugeben, kurz aufkochen lassen, nochmals abschmecken.

Tomatensalat: Die getrockneten Tomaten in heißes Wasser legen. Die frischen Tomaten waschen, vierteln und das Kerngehäuse entnehmen. Dieses im Mixer pürieren und durch ein Sieb streichen. Dann mit Salz, Pfeffer, Essig und Öl vermengen und mit den Tomatenstückchen mischen. Die getrockneten Tomaten aus dem Wasser nehmen und ebenfalls untermengen.

Mohnnudeln mit Rohkostsalat

400 g	Nudeln
100 g	Mandelblättchen
90 g	Mohn
25 g	Butter
100 ml	Sahne
100 ml	Crème Fraîche
	Salz
	Pfeffer

Die Nudeln in reichlich Salzwasser kochen, abschütten. Die Mandelblättchen in einer Pfanne goldgelb rösten. Den Mohn mahlen. Die Butter mit der Sahne in einem Topf aufkochen und den Mohn dazugeben, mit Salz und Pfeffer abschmecken. Den Topf vom Herd nehmen, die Crème Fraîche einrühren und die Masse über die Nudeln geben, dann die Mandelblättchen darüberstreuen.
Dazu passt ein Blatt- oder Rohkostsalat wie auf Seite 101 beschrieben oder auch Apfelmus.

Pilz-Maultaschen mit Caponatagemüse und Paprikamayonnaise

FÜR DEN NUDELTEIG

400 g	Mehl (Type 550)
1	Ei
1 TL	Öl
100 g	Hartweizengrieß

FÜR DIE PILZFÜLLUNG

500 g	Pilze, zum Beispiel Austernpilze, Pfifferlinge oder auch Champignons
3	Zwiebeln
1	Knoblauchzehe
80 g	Butter
	Salz
	Pfeffer
1 Bund	Petersilie
1	altes Brötchen
2	Eier
100 g	Ricotta oder Saure Sahne

FÜR DAS CAPONATA

3 Stangen	Staudensellerie
2	Fenchelknollen
3	mittelgroße Wurzelpetersilie
circa ½	Radicchio
50 g	Rosinen
50 g	Kapern
0,1 l	Weißwein
	Salz, Pfeffer
4 EL	Olivenöl

FÜR DIE PAPRIKAMAYONNAISE

2	rote Paprika
2	Scheiben Toast

110

2	Eigelb
	etwas Essig
¼ l	Distelöl
¼ l	Olivenöl
1 g	Safran
	Salz
	Pfeffer
	Chili
1 Zehe	Knoblauch

Nudelteig: Die Nudelzutaten zu einem festen Teig verkneten, bis er glatt und elastisch ist und sich leicht zu einem Laib formen lässt. Mit einem Tuch bedecken und mindestens 30 Minuten ruhen lassen.

Pilzfüllung: Die Pilze putzen und klein schneiden. Die Zwiebeln und den Knoblauch schälen und in feine Stückchen schneiden. Die Butter in einer Pfanne zerlassen und Zwiebeln und Knoblauch darin glasig anschwitzen, Pilze zugeben und mit anschwitzen, etwas einkochen. Mit Salz und Pfeffer würzen und die gehackte Petersilie unterrühren. Vom Herd nehmen und die klein geschnittenen Brotwürfel zugeben. Etwas abkühlen lassen und dann 1 Ei und den Ricotta unter die Masse rühren, abschmecken. Die Masse kann cremig sein, es sollte jedoch keine Flüssigkeit mehr austreten.

Maultaschen: Nudelteig mit der Nudelmaschine zu circa 50 cm langen Platten, circa 1 bis 2 mm dick, ausrollen. Die Pilzmasse mit dem Spritzsack an der unteren Breitseite der Nudelplatte auftragen. Das Ei in einer kleinen Schüssel aufschlagen und die obere Kante der Teigplatte mit dem Vollei bestreichen. Die Masse im Nudelteig einrollen. Mit dem Kochlöffelstiel die Rolle in Maultaschengröße abrollen, sodass die obere und untere Teigseite zusammenkleben. Mit dem Teigrad trennen. Die Maultaschen in siedendes Wasser geben und circa 8 bis 10 Minuten garen. Mit der Schaumkelle herausnehmen und abtropfen lassen.

Caponata: Die Rosinen im Wein einlegen. Den Staudensellerie und den Fenchel waschen und in circa 2 cm dicke Streifen schneiden. Die Wurzelpetersilie waschen, schälen und ebenfalls in circa 2 cm dicke Scheiben schneiden. Diese bissfest blanchieren. Die Radicchioblätter vom Strunk lösen, waschen und in Streifen schneiden. Das Öl in einem Topf erhitzen und Staudensellerie und Fenchel darin circa 5 Minuten anschwitzen. Mit den Rosinen und dem Weißwein ablöschen und mit der Petersilienwurzel auffüllen, kurz aufkochen. Die Kapern und den Radicchio dazugeben, nochmals kurz aufkochen und mit Salz und Pfeffer abschmecken.

Paprikamayonnaise: Die Paprika waschen und in grobe Stücke schneiden. In wenig Wasser weich dünsten. Die Toastscheiben in Essig einlegen. Den Knoblauch schälen und fein schneiden. Den Paprika aus dem Dünstwasser nehmen und im Mixer mit dem Toast und dem Eigelb, den Gewürzen und der Knoblauchzehe vermengen. Bei laufendem Mixer langsam erst das Distelöl, dann das Olivenöl zugeben, bis eine sämige Konsistenz entsteht. Mit den Gewürzen nochmals abschmecken.

Quinoa mit Wirsing-Pilz-Soße und Blattsalat

200 g	Quinoa
200 g	Pilze (Austern, Champignons)
50 g	getrocknete Tomaten
	Olivenöl
0,1 l	Weißwein
0,2 l	Gemüsebrühe
1 Bund	Petersilie
1	Zwiebel
200 g	Wirsing
0,5 l	Sahne
	Salz
	Pfeffer

Den Quinoa mit der eineinhalbfachen Menge Salzwasser kochen (wie Reis).
Die Zwiebel schälen und fein schneiden. Die Pilze säubern und in Streifen schneiden. Die getrockneten Tomaten in Streifen schneiden und circa 10 Minuten in heißes Wasser legen. Den Wirsing waschen, vom Strunk nehmen und ebenfalls in Streifen schneiden. Die Petersilie waschen und vom Stiel zupfen, fein schneiden. Die Zwiebel mit den Pilzen im Olivenöl farblos anschwitzen. Mit Weißwein ablöschen und kurz einkochen lassen. Die getrockneten Tomaten dazugeben und mit der Gemüsebrühe aufgießen, aufkochen lassen. Mit Salz und Pfeffer würzen und dann die Sahne und die Wirsingstreifen dazugeben. Nochmals circa 5 Minuten einkochen, abschmecken.
Dazu passt Blattsalat mit frischen Kräutern.

Sauerkrautkrapfen mit Rote-Beete-Gemüse und Schnittlauchschmand

FÜR DIE SAUERKRAUTKRAPFEN

4	Blätterteigplatten von circa 12 x 18 cm Größe (tiefgekühlt)
600 g	Sauerkraut
1 EL	Honig
0,1 l	Weißwein
100 g	Crème Fraîche
	Salz
	Butter zum Einstreichen

FÜR DAS ROTE-BEETE-GEMÜSE

1 kg	Rote Beete
	Balsamico
50 g	frisch geriebenen Meerrettich
0,1 l	Apfelsaft
	Salz
	Pfeffer
50 g	Butter

FÜR DEN SCHNITTLAUCHSCHMAND

1 Bund	wilden Schnittlauch
100 g	Crème Fraîche
	Salz
	Pfeffer

Sauerkrautkrapfen: Das Sauerkraut unter kaltem Wasser kurz abwaschen, salzen und dann mit dem Honig und dem Weißwein circa 20 Minuten kochen. Dann die Crème Fraîche unterrühren. Die Blätterteigplatten auf einer bemehlten Unterlage auftauen und auf die gewünschte Größe ausrollen. Das Sauerkraut auf dem Blätterteig gleichmäßig verteilen und dann einrollen. Die Rolle in der Mitte durchschneiden und in die gebutterte Auflaufform stellen, sodass die eingerollte Schnecke zu sehen ist. Bei 180 Grad circa 30 Minuten im Ofen backen.

Die Rote Beete waschen und je nach Größe 40 bis 50 Minuten gar kochen. Dann schälen und zu gleich großen Schnitzen schneiden. Die Butter in einem Topf zerlassen, die Rote Beete darin anschwenken und mit Apfelsaft ablöschen. Mit Salz, Pfeffer, dem frisch geriebenen Meerrettich und dem Balsamico würzen und abschmecken.

Schnittlauchschmand: Den Schnittlauch fein schneiden und mit der Crème Fraîche und den Gewürzen verrühren. Abschmecken.

Spinatauflauf mit Salbei-Minzpesto und Honig-Zitronenkarotten

Für den Auflauf

300 g	Spinat (tiefgekühlt)
150 g	Weißbrot
150 g	Vollkornbrot
150 g	Ricotta
150 g	Schafskäse
1	Ei
	Salz
	Pfeffer
	Muskat

FÜR DAS PESTO

1 Bund	Salbei
1 Bund	Minze
0,1 l	Sonnenblumenöl
	Salz

FÜR DIE KAROTTEN

1 kg	Karotten
	Saft einer Zitrone
1 EL	Honig
	Olivenöl
	Salz
	Pfeffer

Spinatauflauf: Den Spinat auftauen und gut ausdrücken. Beide Brotsorten in feinste Scheiben schneiden. Schafskäse zerbröseln. Eine Auflaufform mit Butter ausstreichen. Alle Zutaten gut miteinander vermengen und mit den Gewürzen abschmecken. Locker in die Auflaufform schichten und bei 180 Grad circa 30 Minuten backen.

Pesto: Die Kräuter waschen, von den Stielen zupfen und klein schneiden. Im Mixer mit dem Salz und dem Öl zu einem sämigen Brei vermengen. Abschmecken. Nach dem Backen über den heißen Auflauf streichen.

Honig-Zitronenkarotten: Die Karotten waschen, schälen und in formschöne, gleich große Streifen schneiden. Die Karotten in heißem Öl anbraten und leicht Farbe nehmen lassen. Den Honig zugeben und kurz mitbraten. Mit Salz und Pfeffer abschmecken und mit dem Zitronensaft ablöschen.

Variation: Noch zusätzlich mit Kreuzkümmel abschmecken.

Tagine mit Backkartoffeln und Minzjoghurt

60 g	getrocknete Pflaumen
100 g	Kichererbsen
1	Zwiebel
1 Zehe	Knoblauch
circa 3	Petersilienwurzeln
300 g	Möhren
200 g	Sellerie
200 g	Staudensellerie
1 EL	Tomatenmark
0,5 l	Gemüsebrühe
	Kreuzkümmel
	Koriandersamen
	Piment
	Curcuma
	Salz
	Pfeffer
250 g	Tomaten
	Olivenöl

FÜR DIE BACKKARTOFFELN

1 kg	Kartoffeln, vorwiegend festkochend

FÜR DEN MINZJOGHURT

1 Bund	Minze
200 ml	Joghurt

Tagine: Die Kichererbsen über Nacht in kaltem Wasser einweichen, Einweichwasser am nächsten Tag abgießen. Die Pflaumen halbieren. Piment, Kreuzkümmel und Koriandersamen im Mörser fein reiben. Die Zwiebel, den Knoblauch und das Gemüse waschen, schälen und in grobe Würfel schneiden. Gemüse und Zwiebel

mit dem Knoblauch in Olivenöl farblos anschwitzen, mit den Gewürzen kurz weiter durchschwitzen und das Tomatenmark zugeben, kurz weitergaren.
Die Kichererbsen zugeben und mit der Gemüsebrühe aufgießen. Mit Salz und Pfeffer würzen und die Gemüse und die Kichererbsen circa 20 Minuten gar kochen. Die Pflaumen und die gewürfelten Tomatenstücke zugeben, kurz durchgaren, abschmecken.
Backkartoffeln: Die Kartoffeln unter fließendem Wasser bürsten und mit Schale vierteln. Mit Salz und Olivenöl vermengen und in einer Auflaufform im Ofen bei 180 Grad circa 30 bis 40 Minuten backen.
Minzjoghurt: Die Minzblätter von den Stielen lösen, waschen und mit dem Pürierstab in dem Joghurt vermischen, mit Salz und Pfeffer abschmecken und im Kühlschrank circa 1 Stunde durchziehen lassen.

Walnuss-Graupen-Risotto mit gebratenem Kürbis und Quittenchutney

FÜR DEN RISOTTO

200 g	Gerstengraupen
1	Zwiebel
50 g	Walnüsse
	Olivenöl
0,1 l	Weißwein
0,5 l	Gemüsebrühe
	Salz
	etwas Parmesan

FÜR DEN KÜRBIS

circa 1 kg	Hokkaidokürbis
	Abrieb von zwei Orangen
	Olivenöl
1 Bund	Petersilie
	Butter
	Salz

FÜR DAS QUITTENCHUTNEY

600 g	Quitten
1	Apfel
1	Zwiebel
	Öl
20 g	Ingwer
	Salz
	Chili
	Zimt
200 ml	Balsamico Bianco

Walnuss-Graupen-Risotto: Die Zwiebel schälen, fein schneiden und in Öl glasig anschwitzen. Die Walnüsse grob hacken und mit den Graupen dazugeben, kurz anschwitzen und mit dem Weißwein ablöschen. Kurz einkochen lassen. Die Brühe aufgießen und circa 30 bis 40 Minuten gar kochen. Mit Salz und Parmesan abschmecken.

Kürbis: Den Kürbis waschen, vierteln und das Kerngehäuse entfernen. In circa 2 cm dicke Spalten schneiden, salzen und mit Olivenöl bestreichen, circa 10 Minuten bei 180 Grad im Ofen backen. Die zimmerwarme Butter mit dem Orangenabrieb, dem Salz und der fein gehackten Petersilie vermengen und über den Kürbis geben.

Qittenchutney: Die Quitten und den Apfel waschen, vierteln und das Kerngehäuse entfernen, grob würfeln. Die Zwiebel und den Ingwer schälen, fein schneiden und im Öl farblos anschwitzen, Quitten und Apfel zugeben, mit Salz und Chili würzen und mit dem Balsamico circa 30 Minuten verkochen. Abschmecken.

5. Kapitel

Der Medizinbuddha

Doris Zölls

Als ich vor einigen Jahren zu Besuch in China war, gab es für mich und meine Begleiter eine Teeprobe in einem Teehaus. Unterschiedliche Teesorten wurden zubereitet und wir durften sie alle kosten. Es waren kleine Tässchen und doch summierte sich die Anzahl, die wir tranken, auf über 70. Was erstaunlich war, wie wir uns dabei veränderten. Waren wir zu Beginn andächtig dagesessen, hatten schweigend und mit großer Neugierde die Zubereitung des Tees verfolgt, wurde unsere Stimmung mit zunehmendem Teegenuss immer angeregter. Wir fingen an, uns in philosophischen Gesprächen zu erhitzen. Das Sprichwort wurde Wirklichkeit: Die erste Tasse Tee weckt dich auf, die zweite Tasse Tee macht dich wach und die dritte Tasse lässt dich zum Philosophen werden.

Diese Teeverkostung machte mich auf etwas aufmerksam. Ich bemerkte deutlich: Meine Gedanken hängen von meinem Stoffwechsel ab. Dieses Phänomen ließ mich nicht mehr los. Nun begann ich ganz bewusst zu überprüfen, was ich aß oder trank und wie sich dabei mein Denken wandelte.

Zu Beginn fielen mir nur die körperlichen Veränderungen auf. So wurde ich nach bestimmten Gerichten müde. Andere erfrischten mich, machten mich lange satt und wieder andere lösten Heißhunger auf Süßes aus. Mit der Zeit wurden die Wahrnehmungen zunehmend feiner. Ich spürte, dass Essen unterschiedliche Gedankengänge und damit auch unterschiedliche Gefühle hervorbrachte. Stoffwechselprozesse sind sicherlich bei jedem Menschen etwas anders, und vermutlich kann man keine festen Regeln dazu aufstellen, doch eines ist bestimmt für jeden erfahrbar: Essen und Trinken beeinflussen unsere Stimmungen und Gedanken enorm. Das sollte uns hellhörig machen, denn wir schreiben unseren Gedanken gern eine gewichtige Bedeutung zu oder halten sie zeitweise sogar für die absolute Wirklichkeit. Eine absolute

Wirklichkeit sind sie ganz bestimmt nicht. Gedanken sind unglaublich labil und verwandeln sich unentwegt. Aus dieser Erfahrung heraus wird unser Geist im Zen gern mit dem Himmel verglichen, über den Wolken oder Nebel ziehen, sodass er nicht mehr zu sehen ist. Wolken und Nebel verändern sich ständig je nach Wetterlage. Manchmal erscheinen sie dicht und fest und sind doch in keinem Moment festzuhalten. Unsere Gedanken verdunkeln unseren Geist wie die Wolken am Himmel und wir erkennen die Wirklichkeit nicht.

Ein anderes Bild für unseren Geist ist ein ruhiger See, in dem sich Wolken spiegeln. Ist die Wasseroberfläche vom Wind gekräuselt, sind die Spiegelbilder verschwommen und geben kein klares Bild der Wolken wieder. Unsere Vorstellungen ähneln der vom Wind gekräuselten Oberfläche des Sees, die unseren verzerrten Geist spiegelt. Meistens verwechseln wir dann das Gekräusel mit dem ruhigen Geist. Die Welt erscheint uns daher nicht, wie sie ist, sondern entstellt. Dennoch haben diese ›Wolken‹ eine ungeheure Macht. Sie ziehen uns in die Hölle oder erheben uns in den Himmel, sie machen uns traurig oder freudig, friedvoll oder aggressiv. Es bedarf einer großen Wachheit, den Gedankenwolken keine Substanz zu geben, sich nicht an sie zu klammern, indem

wir aus ihnen eine Geschichte oder einen Film machen. Gedanken, die wir unbewusst ständig in uns bewegen, nisten sich in unseren Kopf ein, verselbstständigen sich mit der Zeit und werden schließlich zu unserer erlebten Wirklichkeit. Für unser Glück und auch für unsere Gesundheit ist es daher entscheidend, Gedanken als Gedanken zu erkennen, wach zu sein und sich nicht mit ihnen zu identifizieren. Sind wir achtsam, sehen wir sie wie Wolken, die vorüberziehen, und unser Geist kann klar bleiben. Verlieren wir uns jedoch in unseren Gedankenwelten, reißen sie uns mit, und wir müssen sie leben. Diese Welten sind dann meist durchsetzt von Wut, Gier, Neid und Stolz, aber auch von Dumpfheit und Unzufriedenheit geprägt, und all diese ›Gifte‹ greifen nicht nur unseren Geist an, sondern auch unsere Psyche und unseren Körper.

So kommt es nicht von ungefähr, dass der Medizinbuddha, Bhaisajyaguru, den die Buddhisten bei Krankheiten um Hilfe bitten, vielfach nicht wie die anderen Buddhas in Gold dargestellt ist, sondern – was anfangs für uns vielleicht verwirrend erscheinen mag – der Medizinbuddha hat auf vielen Bildern eine tiefblaue Hautfarbe. Damit gleicht er dem klaren dunkelblauen Himmel, an dem keine Wolke zu sehen ist. So wird eindrücklich zum Ausdruck gebracht: Vernebelt keine Wolke unseren Geist, ist unser Geist klar und strahlend, wie der blaue Himmel, dann sind wir heil.

Schauen wir zuerst auf den klaren Geist.

Der klare Geist ist der stille Geist, der sich nicht in Abneigungen oder Vorlieben verstrickt. Er verliert sich nicht in Konzepten, hängt nicht an Vergangenem und strebt nicht in die Zukunft. Er kann sich frei auf das Hier und Jetzt einlassen. Er ist der Augenblick selbst.

Der Augenblick ist keine kurze Weile der Gegenwart. Der Augenblick ist jenseits von Raum und Zeit, er ist ein unmittelbares Erleben. Er ist zeitlos und raumlos, alles ist gleichzeitig gegenwärtig und alles ist mit allem verbunden, ja sogar eins. Der Augenblick ist ein Erleben des allumfassenden Seins jenseits aller Dualität. Frei von allen Bewertungen eröffnet er sich wie ein ruhiger, unbewegter See. Er ist die Grundlage unseres Heilseins. Dieser klare Geist ist als ein Aufblitzen erlebbar. Ein Moment, der mich aus den Gedankenwelten reißt. Es kann ein überwältigender Eindruck sein, der lange bleibt. Unser Alltag jedoch wird geprägt von dem Einstürmen unendlich vieler Gedanken. Ihnen nicht zu verfallen, ist die wichtigste Übung.

Es gibt dazu eine schöne Geschichte, die diesen Geisteszustand aufzeigt. In ihr wird davon erzählt, dass ein Mann am Wegesrand steht und sieht, wie sein Freund in rasender Geschwindigkeit auf einem Pferd an ihm vorbeigaloppiert. Er ruft ihm nach: »Wohin reitest du?« Der Freund ruft zurück: »Ich weiß es nicht, frag mein Pferd.« Wir ähneln diesem Reiter. Unser Pferd, sprich unsere Gedanken, reiten mit uns davon und wir können nicht einmal sagen, wohin sie uns führen. Daher ist es für unsere Gesundheit und unser Wohlsein unabdingbar, Herr über unser Pferd zu werden. Es geht darum, einen ruhigen Geist zu entfalten. Dieser befindet sich nicht jenseits der Welt, im Gegenteil, er muss sich immer im ganz konkreten Alltag ereignen. Das kennzeichnet die Praxis des Zen. Im Zen üben die Schüler, sich auf jeden Augenblick einzulassen, sich auf ihn zu konzentrieren, bis sie eins werden mit dem Augenblick. Jeder Moment des Lebens wird damit entscheidend. Nur im Augenblick können wir unseren ruhigen Geist erfahren, nur dann sind wir ganz und heil. Ob wir sitzen, gehen, essen, putzen, irgendetwas berühren oder auch denken, in allem spiegelt sich der Geist. Durchschauen wir den Schleier unserer Bewertungen, ist jeder Moment die Chance, uns selbst im stillen See zu erkennen.

Im folgenden Kapitel dieses Buches schreibt Barbara Proske über die Besonderheit der Wildkräuter für unser alltägliches Essen, und auch über ihre Wirkung als Heilkräuter. Diese unscheinbaren Pflanzen können ein wunderbares Übungsfeld werden, unseren Geist aus der Enge seiner Konditionierungen herauszuholen. Lassen wir uns nämlich auf diese kleinen, unauffälligen Pflanzen ein, können wir ganz eindrücklich erleben, was im Zen der stille Geist oder auch das Tao genannt wird. Tao wird bei uns mit Weg übersetzt. Diese Übersetzung ist missverständlich, da wir uns unter dem Wort Weg eine Strecke von A nach B vorstellen. Tao aber ist keine Strecke, sondern das Tao ist der Moment, in dem sich die Gegensätze vereinen. Himmel und Erde fallen zusammen, Groß und Klein stehen sich nicht mehr gegenüber, der konkrete Augenblick offenbart sich als Ausdruck des Einen. Gerade bei Wildkräutern ist dieses Phänomen eindrücklich, da die Natur es uns leicht macht. Diese Kräuter sind meistens klein und unscheinbar und haben doch eine große Wirkung und sogar oftmals einen besonders intensiven Geschmack und Geruch. Ihre Schönheit und ihre Heilkraft entfalten sie nicht durch ihre Größe, sondern in dem Moment, wo wir unsere Aufmerksamkeit und unsere Wertschätzung auf sie richten. Beides zu schulen, ist die wunderbare Zen-Übung, die uns das Tao eröffnet.

Wildkräuter sind damit ein gutes Beispiel, sich auf den Augenblick ohne Vorbehalte einzulassen. Sie bedürfen der Wachheit, damit wir sie überhaupt sehen, und sie verlangen von uns Offenheit und Wertschätzung ihnen gegenüber. Sie brauchen Sorgfalt, damit sie ihre Wirkung entfalten können, und unser Vertrauen, ihre Kräfte aufnehmen zu können. Durch die moderne Medizin und die modernen Ernährungsweisen gerieten sie in der Neuzeit ein bisschen in Vergessenheit, doch in den letzten Jahren fanden sie wieder mehr Beachtung, sei es als Hausmedizin und ganz besonders als Bereicherung für eine frische und gesunde Ernährung.

Heute werden Kräuterwanderungen und Kochkurse angeboten, um vielen Menschen diesen Schatz näherzubringen. Haben wir die Möglichkeit, in der Natur draußen bei einer Kräuterwanderung mitzugehen, werden wir etwas Wunderbares erleben können. Wir lernen neu die Welt zu schauen. Auf einmal wird unser Blick auf Unkräuter gelenkt, an denen wir früher vermutlich achtlos vorübergingen, nicht wissend, dass sie wertvoll und bezaubernd sind, obwohl sie so schlicht aussehen. Unser Blick war vielleicht auf das Große gerichtet, die Weite, die Landschaft, die Wälder. Eine geführte Kräuterwanderung hingegen will nichts Großes erreichen. Auf einer solchen Wanderung soll der Blick nicht in die Ferne gerichtet sein, sondern direkt vor uns auf den Boden, und damit heben wir einen ungeahnten Schatz. Ein ungepflegter Weg-

oder Waldrain beginnt zu blühen, viele unterschiedliche Pflänzchen, kleine Blätter, Stängel, Blüten eröffnen ihre Anmut. Erst wenn wir auf etwas achten, also mit Aufmerksamkeit durch die Welt gehen, eröffnet sich uns die Welt. Bei einer Führung lernen wir, unsere Augen zu schulen, das wahrzunehmen, was direkt vor unseren Füßen liegt, und das Kleine zu schätzen. Wir können erleben, wie sich im Kleinen das Große auftut. Sogar in ihrer unscheinbarsten Form zeigt sich die große Natur in ihrer ganzen Fülle.

Dieses Geheimnis, dass das Ganze sich auch im Unscheinbarsten offenbart, möchte die Praxis des Zen ihren Schülerinnen und Schülern vermitteln: »Schweift nicht in die Ferne, das Große zu suchen, schaut auf das, was vor euch liegt, blickt auf das Kleine und ihr seht die ganze Welt«. Im Zen werden wir ermahnt: »Wacht auf, vor euch tut sich die Wirklichkeit auf.« Dies nur mit dem Kopf zu erfassen, ist noch nicht genug. Erst, wenn wir diese Worte verinnerlichen, hat es eine Wirkung. Dazu müssen wir sie umsetzen, wir müssen ins Tun kommen. Im Tun verkörpert sich das Wissen im wahrsten Sinn des Wortes, und erst das kann uns verwandeln. Was im Körper sitzt, trägt auch in schwierigen Situationen. Achtsamkeit und Ehrfurcht vor allen Dingen erschließt uns die Welt. Beides wird im Zen eingeübt, bis es sozusagen in allen Zellen unseres Körpers verankert ist.

Damit greift Zen auf die große Erfahrung Shakyamuni Buddhas zurück. Dieser hatte beim Aufgehen des Morgensterns ein tiefes Erkennen, das er mit folgenden Worten ausdrückte: »Gemeinsam mit der großen Erde und allen fühlenden Wesen vollende ich den Weg.« Auch hier ist mit dem Weg das Tao gemeint, eben der Augenblick, in dem sich Himmel und Erde nicht gegenüberstehen, sondern genau hier in diesem Moment und an diesem Ort zusammenfallen. Buddha sagte, in jedem unmittelbar erlebten Augenblick ist alles vollendet. Jeder Moment offenbart das wahre Sein allen Seins. Es zu denken oder zu beschreiben, dazu fehlen uns die Worte. Jede Beschreibung eines Erlebens bleibt hinter dem Erleben selbst zurück. Wenn ich mich an einem Feuer gebrannt habe, weiß ich, was heiß ist, und zwar für immer. Zu erzählen, wie man sich verbrannt hat, hat mit dem Erleben selbst nichts zu tun. Das sind zwei völlig verschiedene Wirklichkeiten. So ist es auch mit der Erfahrung des Tao.

Unser Verstand kann über das Tao nachdenken, davon erzählen, doch wie es sich auftut, wie es erlebt wird, kann mit Worten oder dem Denken auch nicht annähernd erfasst werden. Zen nennt das Tao Leere, nicht, weil da nichts ist, sondern weil ihm alle Eigenschaften fehlen, es zu benennen.

Und trotzdem versuchen die Menschen, von dieser Erkenntnis zu erzählen. Sie ist ja so überwältigend, dass man sie mit anderen teilen möchte. Damit der andere die Erfahrung teilen kann, ist es notwendig, sie in Bilder zu kleiden. So wie das Bild des Ozeans. Den Ozean erlebe ich nicht abstrakt, sondern in seinen Wellen. Sie umspülen mich, auf ihnen kann ich reiten, sie packen mich, reißen mich um. In ihnen spüre ich die große See ganzheitlich. So ist es auch mit dem Leben. In seinen unzählbaren Augenblicken spüre ich es, es packt mich, erhebt oder drückt mich. Egal, wie groß oder klein das Leben sich zeigen mag, sogar manchmal in großer Leblosigkeit, es ist doch immer das Leben selbst, das sich mir auftut.

Damit wird das Große im Kleinen erlebbar. Eines ist alles und alles ist eines.

Wir Menschen erleben dieses Unbeschreibbare leider nur in den seltensten Fällen bewusst. Wir sind zu sehr mit unserem Denken beschäftigt oder in unseren Prägungen und Mustern verstrickt. Die Praxis des Zen will uns dafür wach machen und uns herausholen aus der Dumpfheit und aus den Gedanken. Zen üben wirft uns direkt in das Leben hinein, ohne Wenn und Aber.

Auf diesem Weg könnten wir einiges von kleinen Kindern lernen, deren unterscheidender Geist noch nicht erwacht ist und denen daher dieses unmittelbare Erleben, wenn auch unbewusst, noch möglich ist. Ein Beispiel: der Besuch in einem Zoo. Hier kann es sein, dass man selbst begeistert ist von den großartigen Tierwelten und dem kleinen Kind alles zeigen möchte an Elefanten, Bären, Tigern und was es darüber hinaus noch zu sehen gibt. Doch das Kind bleibt bereits kurz hinter dem Eingang stehen, bückt sich und beobachtet hingebungsvoll eine Ameise, die Nadeln hin und her schleppt. Meist ist es in solchen Situationen nicht so leicht, das Kind dazu zu bewegen, weiterzugehen und doch die »richtigen« Tiere anzuschauen. Auch das Argument, Ameisen könnte man schließlich auch im eigenen Garten betrachten und dafür bräuchte man keinen Eintritt zu bezahlen, kann das Kind nicht beeindrucken. Es ist mit der Ameise ganz eins. Im Kleinkindalter ist das unterscheidende Denken, dass das eine besser und wichtiger ist als das andere, noch nicht ausgebildet. Damit kann sich ein Kind noch weit mehr als wir Erwachsene auf den Moment einlassen, es kann ganz zum Augenblick werden, es kann der Ozean im ganz Kleinen sein.

Es liegt an der Bewertung, die sich vor das unmittelbare Erleben schiebt. Die Übung besteht daher darin, alles Urteilen beiseitezulassen und sich ganz auf das, was ist, einzulassen.

Die Basis unserer Gesundheit ist daher der klare Geist, auf den die blaue Hautfarbe des Medizinbuddha hinweist. Dies ist jedoch nicht das Einzige, was ihn als Medizinbuddha auszeichnet. Er hält in seiner linken Hand ein Gefäß mit Heilsubstanzen. Damit wird ganz unmissverständlich darauf hingewiesen, dass dieser klare Geist nicht einfach mit dem Willen zu erreichen ist. Wir brauchen dafür auch immer Heilsubstanzen, die uns dabei unterstützen. Körper, Geist und Seele bilden eine Einheit. Wollen wir gesunden, ist es daher notwendig, auf alle drei Ebenen zu schauen. Die geistige Ebene ist die des klaren Geistes, das heißt, sich nicht mit seinen Gedanken und Vorstellungen zu identifizieren. Die seelische Ebene ist, Achtsamkeit und Hingabe im ganz normalen Leben zu üben, und die körperliche Ebene verlangt wahrzunehmen, was dem Körper fehlt, um den klaren Geist zu entfalten und ihn mit den Heilsubstanzen zu stärken.

Damit greife ich das Thema vom Anfang auf: Unser Denken ist Stoffwechsel. Diesen Stoffwechsel in Balance zu bringen, dabei können uns die Wildkräuter unterstützen. Sie haben unterschiedliche Geschmacksrichtungen, sei es süß, sauer, scharf oder bitter. Sie alle haben eine Wirkung auf unseren Stoffwechsel und können so den hitzigen Geist besänftigen oder den trägen Geist erwecken. Zu »Heilsubstanzen« gehört aber auch ein Lebenswandel, der uns in der Klarheit unterstützt. Ausreichend Schlaf, Bewegung an der frischen Luft und nicht zu fettes und schweres Essen tragen dazu bei. Ebenso eine geistige Hygiene, die darauf achtet, mit welcher Nahrung wir unseren Geist füttern.

Es sind die blaue Hautfarbe und die Dose mit den Heilsubstanzen, die uns den Weg des Medizinbuddha weisen. Aber er hält noch etwas anderes in der rechten Hand. Es ist ein Myrobalan-Zweig mit drei Früchten. Diese drei Früchte haben nach buddhistischem Glauben die Kraft, die drei inneren Gifte zu neutralisieren. Diese Gifte, Unkenntnis, Gier und Hass, sind in unserem Körper, nicht wie ein Stachel, den ich herausziehen könnte und damit für immer frei bin, sondern sie durchziehen den ganzen Körper und es braucht ein ständiges Mittel, sie zu neutralisieren. Dafür steht die Myrobalanfrucht. Sie trägt alle Geschmacksrichtungen (süß, sauer, scharf und bitter) in sich. Dadurch hat sie einen neutralen Charakter und übt so eine harmonisierende Wirkung auf die Körperenergien aus. Sie kann Entzündungen hemmen und reinigt das Blut. Damit fördert sie die geistige Klarheit und das Gedächtnis. Viele unserer Wildkräuter haben eine ähnliche Wirkung und können dazu beitragen, dass unser Stoffwechsel ins Gleichgewicht kommt. Sie unterstützen damit nicht nur unsere körperliche Gesundheit, sondern auch unsere Geisteshaltung, die Grundlage, unser Leben in Harmonie zu bringen. So sind es Achtsamkeit und Ehrfurcht, die uns das Leben lehren und uns den Weg zeigen. Sie lassen uns die Wildkräuter entdecken und ihre Kraft erkennen. Sie unterstützen uns, unser Dasein kraftvoll zu leben.

Wenn die Achtsamkeit etwas Schönes berührt,
offenbart sie dessen Schönheit.
Wenn sie etwas Schmerzvolles berührt,
wandelt sie es um und heilt es.

Wildpflanzennahrung aus der Natur

Barbara Proske

Seit Anbeginn besteht Nahrung für den Menschen aus dem, was um ihn herum wächst. Während er sich früher ausschließlich von gesammelten Pflanzen aus der Wildnis ernährt hat, sinkt mit Beginn der Sesshaftwerdung sowie dem Vorantreiben des systematischen Anbaus von zum Verzehr bestimmter Kulturpflanzen der Anteil von Wildpflanzen in der täglichen Nahrung mehr und mehr. Die bis heute andauernden Bestrebungen, die Anbaumethoden von Kulturpflanzen zu rationalisieren, hat zur Folge, dass sowohl ihre Ursprünglichkeit als auch das Wissen über Wildpflanzen und ihre Verwendungsmöglichkeiten immer weiter verloren gehen.

Es ist unsere Aufgabe heute, noch Vorhandenes zu bewahren und zu nutzen, denn die wilden essbaren Pflanzen wieder in unseren Alltag zu holen, fördert die Gesundheit des Körpers und auch des Geistes und der Seele.

Insbesondere in einer Zeit, in der Lebensmittel aus dem Supermarkt eher die Regel als die Ausnahme sind, viele Obst- und Gemüsesorten eine weite Strecke hinter sich haben, bevor sie bei uns zu kaufen sind, stellen Wildpflanzen und -kräuter eine enorme Bereicherung dar. Sie lassen sich in unserer unmittelbaren Nähe ernten, sind garantiert frisch und unbehandelt und dazu überaus ressourcenschonend, beispielsweise durch wegfallende Einwegverpackungen, Heizkosten für Treibhäuser und Transportwege.

Eine Wohltat für Leib und Seele

Nahrung aus der Natur kann in der heutigen Zeit bedeuten, dass wir die Auswahl der Nahrungsmittel, wie wir sie gewöhnt sind, und uns bekannte Gerichte mit Zutaten kombinieren, die schon früher für ihre positive Wirkung bekannt waren. Eine komplett wildpflanzenbasierte Ernährung ist, mit heutigen Maßstäben gemessen, zeitlich kaum umsetzbar. Eine plötzliche, vollständige Umstellung auf eine solche Form, die auch geschmacklich aufgrund der sehr intensiven, fremden Aromen einiger Wildpflanzensorten gewöhnungsbedürftig ist, wäre für unseren Körper mehr Belastung als Wohltat.

Vielmehr geht es um das Dazugewinnen von Qualität, die wir durch den Einsatz von Wildkräutern und -pflanzen in der Küche erfahren, und die Abwechslung, die wir mit ihrer Verwendung erzielen können. Ein paar Blätter »Unkraut« können zu Anfang mit unserem Lieblingssalat kombiniert werden, einige Blüten darübergestreut erfreuen unser Auge, allmählich nehmen wir vielleicht eine Handvoll Wildkräuter und später bereiten wir auch mal ein reines Wildpflanzengericht zu. Nahrung aus der Natur ist in ihrer Ursprünglichkeit unverändert und enthält eine immens hohe Konzentration an Nähr- und Vitalstoffen sowie eine Fülle an Geschmacksstoffen. Durch unterschiedliche Formen und Farben ermöglichen uns Wildpflanzen außerdem vielfältige Gestaltungsformen bei der Zubereitung unseres Essens. Inzwischen hat das unscheinbare Kraut am Wegesrand sowohl in die Spitzengastronomie Einzug gehalten als auch eine ganze Reihe Anhänger gefunden, die das »Grünzeug« in Form von Smoothies zu sich nehmen.

Warum also nicht auch im alltäglichen Leben, in unseren Gerichten, wie wir sie jeden Tag zu uns nehmen, die Schätze genießen, die uns die Natur in Form der Wildkräuter und -pflanzen schenkt?

Betrachten wir die Gewächse, die wir als Nahrungs- und Heilmittel benutzen möchten, als Ganzes, und verwenden wir sie auch in ihrer Ganzheit, können wir von all ihrer Fülle profitieren. Oft sind in einer Pflanze verschiedene Stoffe in genau der Kombination enthalten, die für eine gute Wirkung oder Aufnahme der Einzelstoffe wichtig ist. Die Pflanze kann also in ihrer unveränderten Ganzheit viel besser verwertet werden als isolierte Inhaltsstoffe. Verzehrt man die ganze Pflanze, stellt sich viel eher ein Gleichgewicht im Körper ein, nimmt man stattdessen nur stark verarbeitete Teile oder Auszüge auf, kommt es eher zu einem Ungleichgewicht.

Die Zahl gesundheitsfördernder Stoffe in Wildpflanzen kann zum Teil bis zu zehnmal höher sein als in gezüchteten Sorten. Dadurch lässt sich der Tagesbedarf an manchen Nährstoffen schon mit einer kleinen Menge an Wildkräutern decken. Wollte man die gleiche Menge allein mit dem Verzehr von hochgezüchtetem Kulturgemüse aufnehmen, müsste man weitaus größere Mengen davon zu sich nehmen, was teilweise gar nicht möglich ist.

Konkret betrachtet sind es, neben einem generell viel höheren Gehalt an Eiweißen, Vitaminen, Mineralstoffen und sekundären Pflanzenstoffen, besonders die ätherischen Öle, die neben einer allgemein entzündungshemmenden Wirkung zur charakteristischen Heilwirkung der jeweiligen Wildkräuter beitragen. Chlorophyll, welches in allen grünen Wildpflanzen- und -kräuterarten enthalten ist, wirkt antioxidativ und antibakteriell. Einige Pflanzen enthalten Schleimstoffe, die entzündliche Reizungen mildern, oder Saponine, die wichtig für das Befreien der Atemwege von Schleim sind. Deshalb sind beispielsweise Gänseblümchen hilfreich bei Erkältungskrankheiten. Schafgarbe lässt sich aufgrund ihres Gehaltes an verdauungsfördernden Bitterstoffen gut bei Magenbeschwerden anwenden. Doch so beeindruckend die Wirkung einer einzelnen Pflanze auch sein mag, sollten wir uns trotzdem nicht täglich von dieser einen Sorte ernähren. Wir profitieren weitaus mehr von einer abwechslungsreichen Ernährung.

Mit Wildpflanzen durch das Jahr

Wer Pflanzen in freier Natur sammelt, steht damit in alter Tradition. Nach draußen gehen, sich bewegen, Sonne, Wind und Regen spüren, Vögel zwitschern hören oder die Stille um einen herum, den ersten frischen Bärlauch oder den Blütenduft des Holunders riechen, das zarte Grün des Sauerklees oder das leuchtende Gelb der Löwenzahnblüte sehen: Hier werde ich mit allen Sinnen angesprochen. Durch den Aufenthalt in der Natur mit ihren so vielfältigen, ganz natürlichen Farben und Düften vergesse ich den Alltagsstress vollständig. Die Wildpflanzen senden regelrecht Botschaften für mich aus. Ich kann losgehen, ohne eine bestimmte Absicht zu haben, doch sobald eine Pflanze meinen Blick auf sich zieht, bin ich angesprochen. Es kommt zu einer Resonanz. Vergessen sind Gedanken darüber, was ich noch einkaufen oder welche Arbeiten ich noch erledigen muss. »Danke, dass du da bist, liebe Pflanze. Danke, dass ich da bin.«

Das Wildpflanzensammeln ist ein wahres Geschenk: Ich habe nicht gesät, gegossen oder gejätet, ich habe mich bis jetzt um nichts gekümmert und doch wachsen im Wald, auf der Wiese oder am Wegesrand derart wertvolle Nahrungsmittel. Wenn die Pflanzen reif sind und den höchsten Nährstoffgehalt haben, brauche ich nur meine Hand ausstrecken und kann sie in genau der Menge bekommen, die ich wirklich brauche, und so frisch wie nur irgend möglich. Indem ich jedes Blatt, jeden Zweig zwischen den Fingern spüre, kann ich beurteilen, ob sie gesund und sauber sind, sie sortieren, von Gräsern und Erde befreien und somit direkt für die weitere Verarbeitung in der Küche vorbereiten.

Wildpflanzen zu sammeln ist das ganze Jahr über abwechslungsreich und spannend: Im Januar, wenn kein Schnee liegt, kann ich nach wildem Schnittlauch Ausschau halten oder Hirtentäschel ausgraben. Später gibt es Bärlauch, Giersch und Gundermann. Im Dezember schließlich wird der Glühwein mit selbst ausgegrabenem Nelkenwurz verfeinert. Wichtig beim Sammeln ist lediglich, nur die Pflanzen auszuwählen, die man hundertprozentig kennt.

So können uns Wildkräuter durch das ganze Jahr begleiten und sind uns oft so nah. Schließlich lassen sie sich fast überall ernten: Schnittlauch, Petersilie, Vogelmiere und Gundermann können im eigenen Garten oder sogar im Topf auf dem Balkon wachsen. Wer mit offenen Augen durch die Stadt geht, findet häufig einen sauberen Platz in der näheren Umgebung, wo es Gänseblümchen, Brennnesseln oder Löwenzahn gibt.

Wildpflanzen sind eine Kostbarkeit, die jedem offensteht, der sie sieht und schätzt. Ihr einzigartiges Nährstoffprofil und ihre vielfältigen Wirkstoffe bringen uns ins Gleichgewicht und nähren uns wahrhaftig. Mit ihnen können wir unser Essen zu einer Quelle für Gesundheit an Leib und Seele machen, die uns und unser Wohlbefinden täglich unterstützt.

Lassen wir uns, ähnlich wie unsere Vorfahren vor vielen Jahrhunderten schon, leiten von dem, was gerade in der Natur um uns herum wächst! Vielleicht finden wir so zu genau dem, was unser Körper braucht.

Wild-
pflanzen-
rezepte

Erbsen-Labkraut-Suppe

1	EL Sonnenblumenöl
1	Zwiebel
1	Stange Staudensellerie
300 g	frische oder tiefgekühlte Erbsen
700 ml	Gemüsebrühe
2	Handvoll Wiesenlabkraut
	Salz
	Pfeffer

Die Zwiebel würfeln und die Stange Staudensellerie in kleine Stücke schneiden. Beides in Sonnenblumenöl andünsten. Die Erbsen und die Gemüsebrühe dazugeben und circa 5 Minuten kochen lassen. Das Wiesenlabkraut dazugeben, anschließend alles zu einer feinen Suppe pürieren und mit Salz und Pfeffer abschmecken.

Vogelmiere-Haselnuss-Pesto

100 g	Haselnüsse
1	Orange
1 EL	frisch geriebener Meerrettich
1	Handvoll Vogelmiere
	Salz
60 ml	Sonnenblumenöl

Die Haselnüsse trocken in der Pfanne oder im Backofen bei 180 Grad ca. 8 Minuten rösten. Dann die Schale mit einem Küchentuch abreiben und die Nüsse fein mahlen. Von der Orange die Schale abreiben und den Saft auspressen. Alles zusammen mit den restlichen Zutaten in einem Mixer fein pürieren.

Tipp: Bei der Vogelmiere erntet man am besten nur die Spitzen (2–3 cm lang) der Triebe. Der untere Teil der Triebe enthält einen sehr faserigen Faden, der beim Essen aufgrund seiner Struktur eher störend ist.

Möhren-Giersch-Bratlinge

500 g	Möhren
80 g	Buchweizenmehl
1	Handvoll Giersch
	Salz
	Pfeffer
	Sonnenblumenöl

Die Möhren schaben und fein raspeln, anschließend salzen und 10 Minuten ziehen lassen. Den Giersch fein schneiden und mit dem Buchweizenmehl und dem Pfeffer unter die Möhren kneten. Aus der so entstandenen Masse kleine flache Bratlinge formen und in Sonnenblumenöl ausbraten.

Löwenzahnsalat

circa 250 g	junge Löwenzahnblätter
1	Stange Porree
1	Knoblauchzehe
2 EL	Weißweinessig
3 EL	kalt gepresstes Olivenöl
50 g	schwarze Oliven (Kalamata Oliven)
	Salz
	Pfeffer
100 g	Feta

Die Löwenzahnblätter gut waschen. Von der Porreestange den weißen Teil in feine Ringe schneiden. Die Knoblauchzehe fein würfeln und die Oliven halbieren. Alle Zutaten zu einem Salat mischen und den Feta darüber zerbröseln.

Brennnesselbrötchen

60 g	Brennnesseln
250 ml	kaltes Wasser
450 g	Dinkelmehl (Type 630)
20 g	Hefe
1 TL	Salz
circa 10 g	Brennnesselsamen
	kaltes Wasser zum Befeuchten der Brötchenrohlinge

Die Brennnesseln waschen, etwas klein schneiden und mit dem kalten Wasser fein pürieren. Das Dinkelmehl mit der Hefe und dem Brennnesselwasser verkneten und dann das Salz dazugeben. Den Teig 5 bis 8 Minuten kneten und anschließend circa 30 Minuten gehen lassen. Nun den Brötchenteig in 9 gleiche Teile teilen und zu Brötchen formen. In einen tiefen Teller etwas Wasser geben, in einem zweiten Teller die Brennnesselsamen ausbreiten. Nun die Brötchenrohlinge erst vorsichtig in etwas kaltes Wasser und dann in die Brennnesselsamen tunken. Anschließend bei 220 Grad circa 20 Minuten backen.

6. Kapitel

Dankbarkeit und Ehrfurcht – Ausdruck unseres wahren Wesens

Doris Zölls

Das Essen ist für uns elementar und notwendig und im Westen dazu noch so selbstverständlich, dass es eines wachen Bewusstseins bedarf zu erkennen, wie reich wir mit jedem Mahl beschenkt werden.

Durch achtsames Wahrnehmen und Handeln können Kochen und Essen zu einer besonderen Übung werden, Dankbarkeit und Ehrfurcht als Ausdruck unseres ureigensten Wesens zu erfahren.

Der Mahlspruch, den wir zum Beispiel sprechen, wenn wir im Zendo unser Mahl zu uns nehmen, drückt diese Haltung in besonderer Weise aus:

Dankbar nehmen wir dieses Essen an,
ist es doch die Frucht der Erde, die uns trägt.
Es ist die Frucht der Arbeit anderer Menschen,
und nicht frei vom Leiden anderer Formen des Lebens.

Doch das Sprechen allein kann die Dankbarkeit und Ehrfurcht nicht hervorrufen. Beides sind tiefe Empfindungen, die ich nicht einfach durch Worte schaffen kann. Ich werde sie nur erleben, indem ich sie lebe. Im Tun erschließt sich mein Sein. Gebe ich mich ganz dem Tun hin, werde ich eins mit ihm, dann wird mein Ich zum Du, die Trennung zwischen mir und anderen hebt sich auf. Darin eröffnet sich die Einheit allen Seins, erweist sich unser wahres Wesen. Dies zu erfahren verleiht unserem Leben nicht nur Tiefe, sondern drückt sich als Dankbarkeit und Ehrfurcht für- und voreinander aus. Dies schildert eine Geschichte über Prajnadhara, den 27. Nachfolger Buddhas. Es wird erzählt, wie Prajnadhara einst vom König zu einem buddhistischen Festessen eingeladen wird.

Das Essen wird serviert, alles ist wunderbar angerichtet.
Sogleich, als das Mahl aufgetragen ist, beginnt Prajnadhara zu speisen.
Erstaunt fragt ihn der König: »Warum rezitierst du denn vor dem Essen keine Sutren zu Ehren dieser Speisen?«
Prajnadhara antwortet: »Mein Einatem verweilt weder in der Welt der Subjekte noch in der Welt des Bewusstseins. Mein Ausatem verirrt sich nicht in der Welt der Objekte. Trotzdem rezitiere ich unentwegt Millionen und Abermillionen Schriftrollen von Sutren.«

Dem König scheint es wichtig zu sein, dass sein Gast ein Tischgebet spricht. Er wünscht, dieser möge damit Dankbarkeit und Ehrfurcht zum Ausdruck bringen.

Einen solchen Ruf hätte der König vermutlich auch in unserer Gesellschaft laut werden lassen, in der wir im Überfluss leben und schnell vergessen, dass Essen nicht selbstverständlich ist.

In den Industrieländern haben wir uns immer mehr daran gewöhnt, bereits vorgefertigtes Essen zuzubereiten. Wir kochen viel aus Dosen, verwenden Gefrierkost, Convenience-Produkte. Damit haben wir uns vom elementaren Kochen entfernt und auch von Lebensmitteln in ihrer ursprünglichen Form. Die vielen und langen Wege, die ein Lebensmittel zurücklegt, bis es als Speise auf unseren Tisch gelangt, können uns oft nur noch in Staunen versetzen und manchmal sogar unser Entsetzen hervorrufen. Unsere Lebensmittel durchlaufen einen langen Prozess der Veränderung. Sie wandeln sich so sehr, dass wir kaum mehr ihre Herkunft und ursprüngliche Form erkennen. Dass das Essen eine Frucht und ein Geschenk der Erde ist, tritt immer mehr in den Hintergrund. So spricht man heute bereits von Design Food und errichtet Schaugärten, um den Menschen zu zeigen, wie die Lebensmittel in ihrer ursprünglichen Form aussehen, und man zeigt auf, dass sie nicht in der Fabrik entstehen, sondern ein Geschenk der Natur sind.

Dazu kommt, dass unsere Zeit heute knapp bemessen ist und vielen Menschen die Muße für das Kochen und das gemeinschaftliche Essen fehlt. Man bedient sich schnell am Kühlschrank, greift zu Fast Food. Alles muss schnell gehen. Sich mit der Zubereitung des Essens aufzuhalten nimmt uns die Zeit – so wird uns vermittelt –, die wirklich wichtigen Dinge zu tun.

Durch diese neue Ess(un)kultur verändert sich nicht nur der Wert des Kochens und Essens gewaltig, auch die Gemeinschaft, die beim Essen gepflegt und vermittelt wird, gerät aus dem Blickfeld. Je nachdem, wie es gerade passt oder der Hunger sich meldet, esse ich. Das gemeinschaftliche Mahl als Möglichkeit, sich zu sehen, wahrzunehmen und auszutauschen, weicht dem schnellen In-sich-Hineinschlingen. Tiere und Pflanzen werden dabei zu Waren, die mir jederzeit zur Verfügung stehen und mit denen ich verfahren kann, wie es mir gerade passt. Diese Beziehungslosigkeit in alle Richtungen hin lässt uns bei vollen Tischen seelisch verhungern und vereinsamen.

Es gibt auch Ausnahmen: Anlässe, bei denen dem Kochen und Essen ein großer Stellenwert zugeschrieben wird. Auf Festen, bei Einladungen und so weiter wird die Gastlichkeit gepflegt und auf die Besonderheit des Essens meist sehr viel Wert gelegt. Diese Rituale, in denen die Aufmerksamkeit auf das Miteinandersein beim Speisen gelebt wird, haben exemplarischen Charakter. Doch reichen sie aus, Wertschätzung dem Kochen und Essen gegenüber zu üben? Ist es nicht so, dass nur das, was regelmäßig gelebt wird, sich uns ›einfleischt‹? Ausnahmen sind wunderbar, bergen aber in sich die Gefahr, äußerlich und oberflächlich zu bleiben.

Bewusste und achtsame Lebensweise braucht die stete Übung in allen Bereichen. Es gibt kein Feld, wo sie nicht gelebt werden könnte. Beschränken wir diese Haltung auf Ausnahmen, macht sich im Alltag Unbewusstheit breit. Unbewusst leben ist wie schlafwandeln. Es lässt mich das Leben nicht wach erleben. Damit steigt das Gefühl auf, das Leben gehe an mir vorbei, ich lebte gar nicht richtig.

Achtsames Wahrnehmen des Lebens macht jeden Augenblick lebendig, es lässt mich spüren, wie das Leben in jeder Form pulsiert, auch in mir, und wie ich mir darin in jeder Form selbst begegne. Aus diesem Erleben entstehen die Spannung des Lebens, ein Staunen, und Ehrfurcht und Dankbarkeit können daraus erwachsen.

Das Tischgebet will bewusster Ausdruck dieser wachen Lebenshaltung sein. Daher die mahnende Frage des Königs, als Prajnadhara, ohne vorweg ein Gebet zu sprechen, zu essen beginnt: »Warum rezitierst du keine Sutren?« Prajnadhara entschuldigt sich nicht, denn nach seiner Ansicht hat er das Beten ganz und gar nicht vergessen, im Gegenteil. Er erklärt dem König seine Haltung so:

> *»Mein Einatem verweilt weder in der Welt der Subjekte noch in der Welt des Bewusstseins. Mein Ausatem verirrt sich nicht in der Welt der Objekte. Trotzdem rezitiere ich unentwegt Millionen und Abermillionen Schriftrollen von Sutren.«*

Prajnadhara schildert mit diesen Worten eine außergewöhnliche Lebenshaltung. Sein Gebet bezieht sich nicht nur auf das Essen. Sein ganzes Sein ist Gebet. Für ihn gibt es nicht nur ein Tischgebet, ein momentanes Rezitieren von Sutren vor dem Essen, sein Gebet geschieht unentwegt. Prajnadhara veranschaulicht diese Lebenshaltung am Vollzug des Atems.

> *»Mein Einatem verweilt weder in der Welt der Subjekte noch in der Welt des Bewusstseins. Mein Ausatem verirrt sich nicht in der Welt der Objekte.«*

Dies muss unserem diskursiven Denken gänzlich unverständlich bleiben. Mit unserem Alltagsgeist setzen wir normalerweise voraus, dass es ein Ich gibt, das Luft einatmet und Luft ausatmet. Wir nehmen stets ein Subjekt an, das mit einem Objekt zu tun hat. Diese Vorstellung ist so selbstverständlich, dass wir kaum daran zweifeln, ob sie auch der Wirklichkeit entspricht. Wir betrachten die ganze Welt in den Kategorien von Subjekt und Objekt. Dabei leiden wir darunter auch immer wieder, sind verwirrt und verärgert, wenn dieses Ich nicht so einfach das tun und sein kann, was es will. Wir geben dann gerne äußeren Umständen die Schuld, den hinderlichen Objekten, die uns widerstreben.

Setzen wir jedoch die Brille des Konzepts von Subjekt und Objekt einmal ab und lassen uns auf die Welt ein, indem wir einfach tun, ohne zu bewerten, tun, ohne zu benennen, erfahren wir sehr schnell, dass Subjekt und Objekt so miteinander verwoben sind, dass es gar kein Ich gibt, das der Welt gegenübersteht. Die Welt gibt es in mir und mich in der Welt.

Dem bewertenden Denken zu entkommen und ganz in das Erleben einzutauchen ist nicht so leicht. Zu stark sind wir von der Vorstellung von Subjekt und Objekt geprägt. Bricht diese Illusion zusammen, dann geschieht dies meistens in Situationen, in denen wir mit unserem Denken so an unsere Grenzen kommen, dass alle Lebenskonzepte einstürzen, die es uns bis dahin ermöglicht haben, die Welt zu verstehen. Greift keine Vorstellung mehr und stimmt kein Muster mehr, kann unser Denken durchbrochen werden und der Vorhang der Gedanken reißt auf. Ich erfahre eine andere Dimension des Lebens. Es ist eine Dimension, in der ich erkenne, dass ich mit allem eins bin, dass alles ich selbst bin. In diesem Moment fallen Subjekt und Objekt zusammen. Diese Weltsicht übersteigt alle bisherigen Vorstellungen vom Leben und ist in Dankbarkeit und Ehrfurcht erfahrbar. Diese beiden entstehen nun wie von selbst, ohne dass ich sie ›machen‹ müsste. Sie sind an kein Objekt gebunden, dem ich dankbar bin oder das ich mit Ehrfurcht betrachte. Dankbarkeit und Ehrfurcht haben kein Gegenüber mehr, sie ereignen sich. Ich bin Dankbarkeit und Ehrfurcht. In ihnen drückt sich in mir das Leben in diesem Augenblick und in dieser Form aus.

Solange unser Leben abhängig ist von Bildern und Vorstellungen, die sich erfüllen sollen, sind wir ein Spielball des Schicksals. Wir erfahren uns als Scheiternde und die Welt als uns feindlich gesinnt. Erst wenn Subjekt und Objekt zusammenfallen und wir diesen Augenblick des Lebens als Manifestation unseres Selbst erfahren, erweist sich unser wahres Wesen, verwirklicht sich unser Selbst.

Am Atem ist dies sehr eindrücklich zu erkennen. Lauschen wir ihm, können wir spüren, wie der Atem ohne Zutun unseres Ichs kommt und geht. Halten wir auch dieses Bild vom Kommen und Gehen nicht mehr fest, wird die Wahrnehmung selbst zum Geschehen. Es gibt niemanden mehr, der wahrnimmt, und nichts, was wahrgenommen wird, niemand, der kommt, und niemand, der geht. Subjekt und Objekt sind eins, und ich erlebe das Leben zugleich als Sein und Nichtsein. Prajnadhara setzt diese Seinsweise, die er beispielhaft am Atem darstellt, direkt in Bezug zum Essen. Was für den Atem gilt, gilt auch für das Essen, gilt für jeden Augenblick des Lebens.

Unsere Übung des Zazen ist nichts anderes, als dieses Geschehen bewusst wahrzunehmen. Wir können das Geschehen nicht schaffen, es ereignet sich in jedem Augenblick, doch es geht darum, es bewusst zu erleben, lebendig zu werden, indem wir wach am Leben teilhaben. Zu Beginn entsteht vielleicht der Eindruck, wir würden uns selbst nur beobachten und stünden damit wie ein Zeuge dem Leben gegenüber. Je weniger wir jedoch den scheinbaren Beobachter benennen, uns mit ihm identifizieren, desto stärker werden wir zur reinen Wahrnehmung. Es gibt kein Ich mehr, das einen Augenblick lebt. Ich, Augenblick, Leben sind eins. Diese Erfahrung lässt den Satz Prajnadharas verstehen:

»Trotzdem rezitiere ich unentwegt Millionen und Abermillionen Schriftrollen von Sutren.«

Jeder Augenblick ist nichts anderes als Gebet. Nicht in dem Sinne, dass mein Gebet sich an jemanden richtet oder mir etwas deutlich macht. Das Leben selbst drückt sich als Gebet aus.

Essen selbst ist Gebet.

Das ganze Leben ist Rezitieren von Sutren. Auch beim Sprechen der heiligen Texte geht es nämlich nicht darum, dass es da ein Ich gibt, das heilige Worte rezitiert. Das Sprechen selbst ist es bereits.

In diesem Bewusstsein zu sein heißt im Zen-Geist leben, heißt unser ganzes Leben heiligen. Alle Formen, bewusst gelebt, erfahre ich als Gebet. Das Leben betet sich gleichsam in seinen Formen selbst. Nichts wird dabei ausgeschlossen. Kein Raum ist heiliger als der andere, das Staubkorn nicht geringer als eine Perle. Das Festessen nichts anderes als das einfache Essen. In allem sind wir ganz und gar lebendig.

Aus dem Essen wird ein Mahl

Christof Zirkelbach

»*Tu deinem Leib etwas Gutes, dass deine Seele Lust hat,
darin zu wohnen.*«
TERESA VON AVILA

Seit Tausenden von Jahren haben wir Menschen uns im Austausch mit
der uns umgebenden Natur immer weiter entwickelt. Denn nicht nur
wir wählen den Apfel, der Apfel wählt auch uns. Die Früchte sind nicht
nur für uns da, sondern wir auch für sie. Der Apfel benutzt unseren
Magen, um seine Kerne, die wir nicht verdauen können, möglichst fern
von seinem Stamm zu verteilen. Wir nutzen seine vitaminreiche Frische für unsere Gesundheit. Dies gilt für unsere gesamte Nahrungs-
aufnahme. Dabei kann das Wort Stoffwechsel ruhig wörtlich genom-
men werden: Innerhalb von nur zwei Jahren tauschen wir den größten
Teil unserer Wasser- und Eiweißmoleküle aus. Das bedeutet, dass wir
nach verhältnismäßig kurzer Zeit rein materiell jemand völlig anderer
sind. Eine schon vorhandene »Information« scheint uns zusammenzu-
halten, oder anders ausgedrückt: Wir sind nicht etwa stoffliche Wesen,
denen zufällig etwas Geist innewohnt, sondern geistige Wesen, die in
diesem wunderbar stofflichen Leben zu Hause sind. In der Aufmerksamkeit für diese Dimension erleben wir den Austausch, der uns erhält
so wie wir ihn, beim Kochen mit Respekt, beim Essen mit Dankbarkeit.
Beim Essen wird deutlich, dass wir alle miteinander verbunden sind.
Wir sitzen zusammen, essen und feiern unser Dasein. Jeden Tag können
wir so an die Zubereitung unseres Essens gehen und uns staunend und
aufmerksam dieser Anteilnahme zuwenden. So wird aus dem Kochen
ein Ritual und aus dem Essen ein Mahl.

Gebete und Mahlsprüche

In Zeiten der Unsicherheit

Die praktischen Arbeiten, die getan werden müssen, können uns oftmals über den Kopf wachsen, dann kann es hilfreich sein, das Gebet von Teresa von Avila zu lesen und vielleicht daraus Trost zu schöpfen, dass nicht nur mir alles zu viel wird und es wirklich eine große Herausforderung ist, dem Leben, das Teresa von Avila als das Wirken Gottes selbst sieht und versteht, gerecht zu werden.

Teresa von Avila

Herr der Töpfe und Pfannen, ich habe keine Zeit, eine Heilige zu sein und Dir zum Wohlgefallen in der Nacht zu wachen. Auch kann ich nicht meditieren in der Morgendämmerung und im stürmischen Horizont.

Mach mich zu einer Heiligen, indem ich Mahlzeiten zubereite und Teller wasche. Nimm an meine rauen Hände, weil sie für Dich rau geworden sind.

Kannst Du meinen Spüllappen als einen Geigenbogen gelten lassen, der himmlische Harmonie hervorbringt auf einer Pfanne? Sie ist so schwer zu reinigen und, ach, so abscheulich. Hörst Du, lieber Gott, die Musik, die ich meine?

Die Stunde des Gebetes ist vorbei, bis ich mein Geschirr vom Abendessen gespült habe, und dann bin ich sehr müde. Wenn mein Herz noch am Morgen bei der Arbeit gesungen hat, ist es am Abend schon längst vor mir zu Bett gegangen.

Schenke mir, Herr, Dein unermüdliches Herz, dass es in mir arbeite statt des meinen.

Mein Morgengebet habe ich in der Nacht gesprochen zur Ehre Deines Namens. Ich habe es im Voraus gebetet für die Arbeit des morgigen Tages, die genau dieselbe sein wird wie heute.

Herr der Töpfe und Pfannen, bitte, darf ich Dir statt gewonnener Seelen die Ermüdung anbieten, die mich ankommt beim Anblick von Kaffeesatz und angebrannten Kochtöpfen. Erinnere mich an alles, was ich leicht vergessen, nicht nur um Treppen zu sparen, sondern dass mein vollendet gedeckter Tisch ein Gebet werde.

Obgleich ich Martha-Hände habe, habe ich doch ein Maria-Gemüt, und wenn ich die schwarzen Schuhe putze, versuche ich, Herr, Deine Sandalen zu finden. Wenn ich den Boden putze, denke ich daran, wie sie auf Erden gewandelt sind.

Herr, nimm meine Betrachtung an, weil ich keine Zeit habe für mehr. Herr, mach Dein Aschenbrödel zu einer himmlischen Prinzessin, erwärme die Küche mit Deiner Liebe und erleuchte sie mit Deinem Frieden. Vergib mir, dass ich mich so absorge, und hilf mir, dass mein Murren aufhört.

Herr, der Du das Frühstück am See bereitet hast, vergib der Welt, die da sagt: »Was kann denn aus Nazareth Gutes kommen?«

Vor dem Essen

Von Buddha

Mögen alle Wesen glücklich sein.
Mögen alle Wesen frei sein von Leiden.
Mögen alle Wesen wahre Freude kultivieren.
Mögen alle Wesen Gleichmut üben und in tiefem Frieden
verweilen.

Mündlich überliefert

Möge die Nahrung, die ich erhalten habe, alle Wesen
befähigen, satt zu werden.
Ich selbst nehme die Nahrung zu mir, um sie ohne Gier ihnen
zuteilwerden zu lassen.

Segne, Vater, diese Speise,
uns zur Kraft und dir zum Preise.
Wir haben hier den Tisch gedeckt,
doch nicht mit unsren Gaben.
Vom Schöpfer, der das Leben weckt,
kommt alles, was wir haben.

Dir sei, o Gott, für Speis und Trank,
für alles Gute Lob und Dank.
Du gabst, Du wirst auch künftig geben.
Dich preise unser ganzes Leben.

Über uns der Himmel, der uns schützt.
Unter uns die Erde, die uns stützt.
Um uns die Luft, die uns das Leben gibt.
In Allem Gott der Vater, der uns liebt.

Nach Psalm 145,15–16

> *Aller Augen warten auf Dich, o Herr;*
> *Du gibst uns Speise zur rechten Zeit.*
> *Du öffnest Deine Hand*
> *Und erfüllst alles, was lebt, mit Segen. Amen*
>
> *Herr, segne uns und diese Gaben,*
> *die wir von Deiner Güte nun empfangen,*
> *durch Christus unseren Herrn. Amen*

Nach dem Essen

Nach Gundula Meyer

> *Wir haben gegessen.*
> *Wir haben neue Kräfte bekommen.*
> *Wenn wir absichtslos sind,*
> *werden alle Wesen wunderbare*
> *Kräfte erhalten.*

Von Thich Nhat Hanh

> *Meine Schale ist leer,*
> *mein Hunger gestillt.*
> *Ich gelobe,*
> *zum Wohl aller Wesen zu leben.*

Mündlich überliefert

> *Alle guten Gaben,*
> *alles, was wir haben,*
> *kommt, o Gott, von Dir.*
> *Dank sei Dir dafür.*

Von Heinz Ritter

Wir sagen Dank für Speise und Trank
Himmel und Erde und der Kraft Gottes,
die in ihnen allen schafft.
Die Mahlzeit ist ein Symbol für die Gemeinschaft.
Erinnern wir uns daran,
in Achtsamkeit und Dankbarkeit zu essen.
Und uns der Nahrung und der Gemeinschaft ganz bewusst
zu sein
und uns nicht von unnützen Gedanken davontragen zu lassen.

Für kleine Kinder

Wir haben hier den Tisch gedeckt,
doch nicht mit unsren Gaben.
Vom Schöpfer, der das Leben weckt,
kommt alles, was wir haben.

Jedes Tierlein hat sein Essen, jedes Blümlein trinkt von Dir,
hast auch unser nicht vergessen, lieber Gott, wir danken Dir.

In deinen Früchten, Mutter Erde,
ruht das Geheimnis deiner Sonnenkraft.
Gib, Gott, dass in uns wirksam werde
Dein Geist, der alles lenkt und schafft.

Von Christian Morgenstern

Gott will uns speisen,
Gott will uns tränken,
nun lasst uns still die Augen senken
und aller seiner Gäste denken:
Fisch im See, Hase im Klee,
Biene im Honigduft,

Schwalbe in Himmelsluft,
Nest im Dorn, Mäuschen im Korn,
Frösche im Teich, Arm und Reich,
Wiese und Wald, Jung und Alt,
Menschen und Tiere, Groß und Klein,
alle lädt er zu Tische ein,
allen gibt er Speise und Trank,
für alle sage ich: Gott sei Dank!

Erde, die uns dies gebracht,
Sonne, die es reif gemacht –
Liebe Sonne, liebe Erde,
euer nie vergessen werde.

Von Johannes Kuhn

Wir falten unsre Hände
und danken für die Spende,
der lieben Erde, wo alles wächst,
dem lieben Regen, der es netzt,
der lieben Sonne, die's bescheint,
dem lieben Gott, der uns vereint.
(Rings um den Tisch die Hände reichen)

Kuchen

Feigen-Weihnachtstraum

FÜR DEN TEIG

4	Eier
4 EL	Wasser
150 g	Rohrrohzucker
200 g	Weizenvollkornmehl
½ TL	Weinsteinbackpulver
½ TL	Zimt, gemahlen
1 Msp.	Nelken, gemahlen

FÜR DEN GEWÜRZSUD

250 ml	Holundersaft
1	Zimtstange
2–3	Nelken
1 Prise	Kardamom

FÜR DIE CREME

1	Orange
200 g	getrocknete Feigen
200 ml	Sahne
350 g	Mascarpone
350 g	Quark
50 g	Honig
	Kakao

Biskuitteig: Die Eier trennen und das Eiweiß mit 50 g Rohrrohzucker steif schlagen. Das Eigelb mit dem Wasser und 100 g Rohrrohzucker so schaumig schlagen, dass eine weißliche Schaummasse entsteht. Die Eiweißmasse wird auf die Eigelbmasse gegeben. Das Weizenvollkornmehl mit dem Weinsteinbackpulver und den Gewürzen mischen. Nun die Mehlmischung vorsichtig unter die Eiermasse heben. Eine Springform mit Backpapier auslegen und den Teig einfüllen. Bei 160 Grad Umluft circa 25 Minuten backen.

Nach dem Backen den Boden aus der Form nehmen, den ausgekühlten Boden einmal durchschneiden.

Gewürzsud: Den Holundersaft mit den Gewürzen kurz erwärmen. Nach dem Abkühlen die zwei Biskuitböden damit tränken.

Creme: Die Orangenschale abreiben und die Orange auspressen. Die getrockneten Feigen mit dem Orangensaft durch einen Fleischwolf drehen. Die Feigenmasse mit der Orangenschale, Mascarpone, Quark, Honig und der geschlagenen Sahne gut verrühren. Die Creme auf einen der Biskuitböden streichen und den zweiten Boden darüberlegen. Den Kuchen mit Kakaopulver bestreuen und gekühlt einen Tag durchziehen lassen.

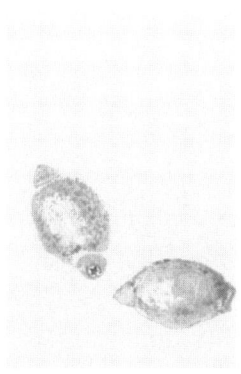

Käsekuchen

FÜR DEN TEIG

200 g	Weizenvollkornmehl
80 g	Rohrrohzucker
100 g	Butter
2–3 EL	Wasser

FÜR DIE QUARKMASSE

7	Eier
125 g	Butter
240 g	Rohrrohzucker
700 g	Schichtkäse
1	Zitrone
35 g	Weizenvollkornmehl
20 g	Hirsemehl
1 TL	Weinsteinbackpulver

Mürbeteig: Das Weizenvollkornmehl mit dem Rohrrohzucker, der Butter und dem Wasser verkneten. Mit diesem Teig eine gefettete Springform auslegen und am Rand etwas hochdrücken.

Quarkmasse: Von der Zitrone die Schale abreiben und den Saft auspressen. Die Eier trennen. Das Eiweiß zu Schnee schlagen. Danach die Butter mit dem Rohrrohzucker schaumig rühren, das Eigelb nach und nach zufügen. Nun den Schichtkäse sowie die Zitronenschale und den Saft unterrühren. Die Mehle mit dem Weinsteinbackpulver mischen und zusammen mit dem Eischnee unter die Quarkmasse heben. Die Quarkmasse auf dem Boden verteilen und bei 155 Grad Umluft circa 35 bis 40 Minuten backen. Der Kuchen sollte im ausgeschalteten Backofen noch 10 Minuten ruhen.

Obstsalat nach Anna Li –

ein Rezept meiner sieben Jahre alten Tochter

1	Orange
1	Apfel
0,1 l	Joghurt
0,1 l	Sojareismilch

Nimm eine kleine Schüssel und schneide den Apfel in kleine Stücke, dann die Orange, dann mische den geschnittenen Apfel und die geschnittene Orange zusammen in die kleine Schüssel und den Joghurt und die Milch dazu. Dann stelle die kleine Schüssel in den Kühlschrank. Nach einer halben Stunde wieder rausholen.

Mandelkuchen

FÜR DEN STREUSEL

50 g	Butter
50 g	Weizenvollkornmehl
50 g	Rohrrohzucker
1 Päck.	Vanillezucker
50 g	geriebene Mandeln

FÜR DEN BISKUIT

50 g	Butter
4	Eier
4 EL	lauwarmes Wasser
120 g	Rohrrohzucker
150 g	Weizenvollkornmehl
2 TL	Weinsteinbackpulver
50 g	geriebene Mandeln

Streusel: Die Butter schmelzen und mit den restlichen Zutaten zu Streusel verarbeiten.

Biskuitteig: Die Butter schmelzen. Die Eier trennen und das Eiweiß mit $\frac{1}{3}$ des Rohrrohzuckers zu Schnee schlagen. Das Eigelb mit dem restlichen Rohrrohzucker sehr schaumig schlagen. Wasser hinzugeben. Die Eigelbmasse mit dem Weizenvollkornmehl, Backpulver, Mandeln und der geschmolzenen Butter über den Eischnee geben und vorsichtig unterheben. In eine mit Backpapier ausgelegte Springform füllen und mit den Streuseln bedecken.

Den Kuchen bei 160 Grad Umluft circa 30 Minuten backen.

Mohn-Schoko-Kuchen

125 g	Butter
150 g	Rohrrohzucker
4	Eier
125 g	Zitronat
75 g	geriebene Zartbitterschokolade
125 g	gemahlener Mohn
300 ml	Sahne
3 EL	Preiselbeerfruchtaufstrich

Das Zitronat durch den Fleischwolf drehen oder ganz fein hacken. Die Eier trennen. Das Eiweiß steif schlagen. Die Butter mit dem Rohrrohzucker schaumig rühren und die Eigelbe unterrühren. Das Zitronat, den Mohn und die Schokolade ebenfalls unterrühren. Zum Schluss wird der Eischnee vorsichtig untergehoben. Der Teig wird in die Springform gegeben, die mit Backpapier ausgelegt wurde. Der Kuchen wird bei 160 Grad Umluft circa 25 bis 30 Minuten gebacken.
Nachdem der Kuchen abgekühlt ist, wird für den Belag die Sahne steif geschlagen und der Preiselbeeraufstrich unter die Sahne gerührt. Die Preiselbeersahne wird nun gleichmäßig auf dem Kuchen verteilt.

Möhrenkuchen mit Frischkäse

FÜR DEN TEIG

6	Eier
375 g	Rohrrohzucker
300 ml	Sonnenblumenöl, kalt gepresst
375 g	Weizenvollkornmehl
3 TL	Weinsteinbackpulver
3 TL	Zimt
375 g	Möhren, fein geraspelt
75 g	Kokosraspeln
75 g	Walnüsse gehackt

FÜR DEN BELAG

60 g	Butter
240 g	Frischkäse
100 g	Puderzucker
3 TL	Zitronensaft
	abgeriebene Schale von einer Zitrone

Teig: Die Eier und den Rohrrohzucker schaumig rühren. Das Öl und dann die restlichen Zutaten für den Teig unterrühren. Auf ein Backblech streichen und circa 25 Minuten bei 160 Grad Umluft backen.
Belag: Alle Zutaten verrühren und auf den abgekühlten Kuchen streichen.

Nuss-Torte

FÜR DEN BODEN

400 g	Weizenvollkornmehl
100 g	Maismehl
250 g	Butter
120 g	Rohrrohzucker
2	Eier

FÜR DEN BELAG

40 g	Butter
200 g	Rohrrohzucker
400 ml	Sahne
100 g	Mandelblättchen
100 g	Cashewkerne, ganz
100 g	Walnusskerne, grob gehackt
200 g	Haselnüsse, gemahlen
200 g	Orangenmarmelade

Mürbeteig: Die Mehle mit der Butter, dem Rohrrohzucker und den Eiern verkneten. Den Teig auf ein Backblech verteilen und andrücken.

Belag: Die Sahne erhitzen. In einem extra Topf den Rohrrohzucker mit der Butter hellbraun karamellisieren. Die Sahne dazugeben und aufkochen, bis sich der Zucker wieder gelöst hat.

Achtung: Der Topf sollte groß genug sein, sonst schäumt es über!

Dann werden alle Nüsse untergerührt.

Auf dem Mürbeteigboden wird die Orangenmarmelade verstrichen und die Nussmasse darauf verteilt. Bei 160 Grad Umluft circa 35 Minuten backen.

Saftiger Pflaumenkuchen

FÜR DEN TEIG

250 g	Weizenvollkornmehl
150 g	Butter
50 g	Honig
1	Ei
	etwas Wasser

FÜR DEN BELAG

300 g	entsteinte Trockenpflaumen
200 ml	Glühwein oder Orangensaft
2	Eier
1 ½ EL	Honig
250 ml	Sahne
100 g	gemahlene Mandeln
1	Orange

Teig: Aus den Zutaten einen Mürbeteig herstellen. Dazu das Weizenvollkornmehl mit der Butter, dem Honig, dem Ei und etwas Wasser verkneten und in eine Springform geben.

Belag: Pflaumen über Nacht in Glühwein oder Orangensaft einweichen.
Die abgetropften Pflaumen auf dem Teig verteilen.
Von der Orange die Schale abreiben und den Saft auspressen. Die Sahne steif schlagen. Die Eier mit dem Honig in einer extra Schüssel schaumig schlagen. Sahne, Mandeln und die Orangenschale mit dem Saft unter die Eiermasse heben und auf die Pflaumen geben. Den Kuchen bei 155 Grad Umluft circa 30 Minuten backen.

Schokoladenkuchen mit Nuss-Streuseln

300 g	Butter
300 g	Rohrrohzucker
8	Eier
300 g	geriebene Zartbitterschokolade
300 g	Weizenvollkornmehl
100 g	grob gehackte Walnüsse

Es wird ein Rührteig hergestellt. Dazu die Butter mit dem Rohrrohzucker schaumig rühren. Die Eier nach und nach unterrühren und die Zartbitterschokolade dazugeben. Zum Schluss das Weizenvollkornmehl unterrühren. Den Teig auf ein gefettetes, tiefes Backblech streichen.
Die Walnüsse darüberstreuen. Bei 160 Grad Umluft circa 25 Minuten backen.

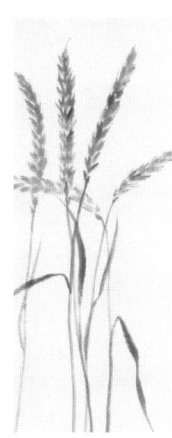

Schlussbetrachtung

Doris Zölls

Im Zen sprechen wir am Ende einer Mahlzeit gerne den Spruch:

Wir haben gegessen und dadurch neue Kräfte erlangt;
wenn wir absichtslos von Moment zu Moment leben,
dienen wir dem Wohl aller Lebewesen.

In ihm kommt die Geisteshaltung des Zen wunderschön zum Ausdruck.

Es ist die Haltung der Absichtslosigkeit.

Unser ganzes Leben zeigt, wie wenig wir das Leben in Händen haben, wie wenig wir wissen, was das Leben von uns fordert.

Zen mutet uns diese Ungeheuerlichkeit unverblümt zu, fordert uns auf, uns diesem Ungewissen zu stellen und die Haltung des Staunens eines unbedarften Kindes einzunehmen:

»Nimm wahr, was ist! Erfahre das Leben, ohne irgendetwas zu wissen. Gehe mit jeder Bewegung mit, ohne eine Absicht zu verfolgen. Lausche jedem Ding und entdecke dich selbst als das sich entfaltende Leben.« Diese Haltung widerspricht unserem Alltagsgeist, der meistens Absichten verfolgt. Abspülen und putzen, damit wieder alles sauber wird; kochen, um den Magen zu füllen; zu den Menschen nett sein, damit sie einen mögen; spazieren gehen um der Gesundheit willen.

Unser Alltagsgeist fügt fast allem in unserem Leben eine Absicht bei.

Darin gleichen wir Mullah Nasrudin, der eines Tages gemütlich auf seinem Esel dahinritt, als das Tier plötzlich ausschlug und ihn abwarf. Einige Lausbuben spielten am Straßenrand, liefen sofort herbei und hielten sich die Bäuche vor Lachen.

Als sie sich beruhigt hatten und die Tränen aus den Augen wischten, erhob sich der Mullah würdevoll aus dem Staub und putzte seinen Turban mit stoischer Ruhe.

»Sagt mir, ihr Buben, worüber lacht ihr so hemmungslos?«, fragte er sie. »Mullah«, kicherten sie bei der Erinnerung, »es war eine tolle Szene! Wir lachten, weil du vom Esel gefallen bist.«

»O Naivität der Jugend! Habt ihr bedacht«, sagte Nasrudin, »dass ich möglicherweise einen GRUND hatte, herunterzufallen?«

Doch jede Absicht ist nur ein scheinbarer Halt, sie verdrängt das Erleben des Augenblicks, fügt etwas Zusätzliches hinzu und gibt uns damit das Gefühl, das augenblickliche Leben, so wie es ist, genüge nicht.

Zazen führt uns in die Haltung der radikalen Akzeptanz des Augenblicks und damit der Absichtslosigkeit. Jeder Augenblick will ganz und gar gelebt sein. Der Sinn unseres gesamten Seins liegt nicht in den Absichten, er eröffnet sich im Jetzt selbst. Er ist ›jetzt sitzen‹, er ist ›jetzt kochen‹, er ist ›jetzt essen‹. Er ist einfach das Jetzt-Sein!

Das Leben bedarf keiner Gründe, um vollkommen zu sein. In jedem Hier und Jetzt zeigt es bereits seine Ganzheit. In dieser Absichtslosigkeit zu leben, gibt uns Freiheit.

Die Frage eines Warum und danach, was dies oder jenes mir bringt, schiebt sich nicht mehr zwischen mich und das Leben. In der radikalen Akzeptanz des Augenblicks bin ich ganz und gar dieser Augenblick, bin ich ganz und gar das Leben.

Es ist unendlich schwer, dies zu beschreiben. Vielleicht kommt dem die Poesie am nächsten; sie will nicht erklären, sie führt uns mit ihren sanften Worten in das Erleben.

Du musst das Leben nicht verstehen.
Dann wird es werden wie ein Fest.
Und lass dir jeden Tag geschehen,
So wie ein Kind im Weitergehen
Von jedem Wehen
Sich viele Blüten schenken lässt.

Sie aufzusammeln und zu sparen,
Das kommt dem Kind nicht in den Sinn.
Es löst sie leise aus den Haaren,
Drin sie so gern gefangen waren,
Und hält den lieben jungen Jahren
Nach neuen seine Hände hin.
RAINER MARIA RILKE[4]

Dank

Wir danken Sylvia Bachmann, Carmen Bitterer, Stefan Englert, Margit Freund, Gabi Götzner, Monika Landgraf, Michael Müller, Christina Pilz, Ingrid Schraudt, Sigi Schuck, Rita Schwab, Christine Streitenberger und Anita Witte für ihr Engagement und ihren Einsatz in der Küche, ob früh um sechs oder abends um elf, Ostern oder Weihnachten, bei vollem oder übervollem Haus.

Zu den Tuschebildern

Die meisten Früchte und Gemüse auf meinen Bildern wachsen in meinem Garten. Die Beziehung zu den Pflanzen, das achtsame Begleiten von der Saat oder Pflanzung bis zur Ernte sind für mich wichtig, um die Blumen, die Gemüse und Früchte, die ich male, zu kennen. Ich staune über das Leben, das sich auch in einer Zwiebel oder Kartoffel manifestiert, wenn sie treibt und Bereitschaft zu neuem Wachstum zeigt.

Tuschmalerei ist Gebet, ist Staunen und Wahrnehmen, wie vollkommen all die Pflanzen ihre unterschiedlichen Blüten, Früchte, Gemüse, Knollen und Samen hervorbringen und uns damit nähren. So schrieb auch meine Tuschelehrerin Tazuko Niimura meist als Titel ihrer vielfältigen Bilder einfach das Schriftzeichen für »Gebet«.

Katharina Shepherd-Kobel

Worterklärungen

Caponata: italienische Gemüsemischung mit Kapern und Rosinen

Humus: Kichererbsenpüree

Konfigel: Öko-Geliermittel

Manouri: griechischer Käse

Nierenbohnen: Kidneybohnen oder rote Bohnen

Quinoa: alte Getreideart

Tahin: Sesam-Mus

Thaibasilikum: thailändischer Basilikum, hat einen frischeren
Geschmack

Tofu: Sojaschnitte

Topinambur: essbare Wurzeln einer ursprünglich afrikanischen Blume

Weinsteinbackpulver: spezielle Backpulverart

Zitronenverbene: Kraut

Anmerkungen

1 Im Deutschen erschien das Buch als *Zen für Küche und Leben*, Frankfurt a. M. 2007

2 Bernard Glassman, *Anweisungen für den Koch*, München 1999 (Taschenbuch) / Hamburg 2002 (gebundene Ausgabe); beides vergriffen

3 Arndt Büssing / Michael Wenger, *Der Tau am Morgen ist weiser als wir*, Berlin 2003

4 Rainer Maria Rilke, *Die Gedichte*, Frankfurt a. M. 2006

Über die Autorinnen und den Autor

Doris Zölls, Myô-en An, ist Zen-Meisterin der Zen-Linie »Leere Wolke« und Zen-Lehrerin der Sanbo-Kyodan Schule.

Christof Zirkelbach ist Künstler und Koch. Er hat in großen Häusern gekocht und leitete etwa 10 Jahre lang die Küche im Benediktushof.

www.benediktushof-holzkirchen.de

Barbara Proske ist Hauswirtschaftsleiterin, Heilpraktikerin, Phytotherapeutin und seit 2003 stellvertretende Küchenleiterin am Benediktushof in Holzkirchen.

Ursula Richard ist Chefredakteurin von BUDDHISMUS aktuell, Verlegerin der edition steinrich, Autorin, Herausgeberin und Übersetzerin. Seit mehr als 30 Jahren ist sie spirituell unterwegs, vor allem auf dem Zen-Weg, und an einer zeitgemäßen Vermittlung und Praxis traditioneller Weisheitslehren interessiert.

Notizen aus Ihrer Zen-Küche